Santa Marta de Tormes
De Aldea a Ciudad

RAMÓN MARTÍN RODRIGO

Santa Marta de Tormes
De aldea a ciudad

Diputación de Salamanca
2025

Ediciones de la Diputación de Salamanca
Serie Ayuntamientos, nº 70

1.ª edición: 2025

© Diputación de Salamanca

© Ramón Martín Rodrigo

DIPUTACIÓN DE SALAMANCA
e-mail: ediciones@lasalina.es
www.lasalina.es/cultura/publicaciones

Diseño de cubierta: AF Diseño Gráfico

I.S.B.N.: 978-84-7797-775-9

Depósito legal: S 158-2025

Impreso en España

Preimpresión: Intergraf

Imprime: Nueva Graficesa. Salamanca

ÍNDICE

AGRADECIMIENTOS

Quiero expresar mi profundo, grande y sincero agradecimiento a una serie de personas, instituciones y organismos oficiales por todas las atenciones que me han dado y las facilidades concedidas para realizar el presente libro. Comienzo por el Excmo. Ayuntamiento de Santa Marta, representado por su Alcalde-Presidente. El consistorio atendió mi solicitud y me ha proporcionado varios informes, fotos y autorización para que esta obra figure en la "Serie Ayuntamientos", que publica la Excma. Diputación de Salamanca de cuantas poblaciones están interesadas en conocer su pasado. He de seguir por la citada institución provincial, nuestra Diputación Provincial, y va mi reconocimiento muy especialmente a su Departamento de Cultura, y dentro del mismo al Sr. Diputado y al Servicio de Publicaciones, con su secretaria y maquetador. Este Departamento atendió mi petición, leyó la obra enviada en borrador, la consideró buena y le ha dado el cauce adecuado hasta su publicación. ¡Muchas gracias!

¿Qué diré de los archivos de la ciudad? De todos estoy contento por su amabilidad y su servicio. El Archivo y Biblioteca de la Diputación me ha proporcionado documentos y libros de consulta, y también fotos tomadas de sus álbumes con su autorización Legal. La Filmoteca de Castilla y León ha hecho algo semejante, de la misma entidad tengo el crédito oportuno para dos fotos. En el Archivo de la Universidad de Salamanca y sobre todo en su Biblioteca General, he podido consultar la hemeroteca y recibir autorización para obtener fotos de textos y de personas, tanto que siempre he salido sumamente satisfecho. El Archivo Histórico Provincial me ha facilitado consultar las secciones de catastro, de protocolos notariales, de Contaduría de Hipotecas, de libros, de planos, de fotos y de otras varias. Algo semejante ha hecho el Archivo Municipal de Salamanca, en el que consulté actas municipales y prensa histórica. Gracias al Archivo Catedralicio, he obtenido valiosos datos de Santa Marta en la Edad Media, en tanto que el Archivo Diocesano me ha facilitado la consulta de libros parroquiales de los últimos siglos.

También tendría que citar nombres de varias personas, pero sé, sin que nada me digan, que no desean que su nombre salga escrito en los papeles. A todos, familia, amigos y conocidos, visto este mi proyecto ya hecho realidad, os transmito mi gratitud y alegría. Espero que desde ahora estos sentimientos se extiendan también a un gran número de las gentes de Santa Marta, a las que quiero incluir en un amplio grupo de seguidores y simpatizantes por la citada población, que en su pasado fue pueblo y en la actualidad es una hermosa y próspera ciudad.

I. PREÁMBULO

Tres cuestiones de tipo personal y curioso me han llevado a estudiar esta población. La primera, que Juan Martín Gil, natural y vecino de Sequeros, mi tío carnal, se trasladó con su familia en los años cincuenta del siglo xx a vivir en Santa Marta. En Santa Marta abrió una taberna en el centro de la plaza, y este negocio familiar siempre le fue muy bien. La segunda, que entre los veraneantes de mi pueblo he visto relacionado, en 1936, un personaje importante de Santa Marta, don Prudencio Marcos Escribano. Y la tercera ha sido descubrir que estuvo en Santa Marta como ecónomo de la parroquia don José Rodríguez Sendín, que también desempeñó un cargo semejante en la parroquia de Sequeros. He trabajado, pues, estimulado por estos tres motivos a los que se han ido uniendo interesantes hallazgos históricos que no había imaginado.

Como digo, a estos tres motivos iniciales, al escribir el presente trabajo, se han ido sumando otros estimulantes como el descubrimiento de noticias relacionadas con Salamanca, cuya historia se ha venido haciendo sin apenas tener en cuenta lo que significaban para esta ciudad los pueblos cercanos a ella. Así pues, una historia que comencé a realizar como apuntes con poca pretensión se ha ido volviendo cada día más extensa e interesante. El lector puede leerla comenzando por cualquier capítulo, y los investigadores deben consultarla porque se darán cuenta de la infinidad de datos que contiene y de las relaciones sociales que se descubren. Es, por tanto, un trabajo muy documentado. Eso no significa que haya apurado la historia, sino que he confeccionado una aproximación a la historia de esta población, sobre todo de cuando fue pequeña.

Don Tomás Marcos Escribano fue el personaje más importante de Santa Marta en la primera mitad del siglo xx. Su prestigio fue grande en Salamanca capital y en la provincia.

II. INTRODUCCIÓN: SOMERA PRESENTACIÓN GEOGRÁFICA E HISTÓRICA

Antes de entrar en materia, para lo que sigo una exposición cronológica, por épocas histórica, presentaré sucintamente a Santa Marta en su situación geográfica y daré como avance unas muy someras semblanzas históricas, a modo de preludio de lo que más detenidamente consta en esta obra. Estas semblanzas son coherentes tanto con la historia de España como con la de Salamanca, a las cuales es preciso acudir para recordarlas en casi todos los capítulos.

El casco urbano histórico de Santa Marta se encuentra situado a 4 km de Salamanca. Sus coordenadas geográficas son, en latitud norte, 45° 36' 18", y, en longitud oeste, 2° 79' del meridiano de Madrid. La población está situada a una altitud de 785 m sobre el nivel del mar. Las curvas de nivel de su término municipal están muy distantes unas de otras, de modo que, en general, el término municipal del pueblo resulta casi llano. Vierten sus aguas hacia el norte, por donde va el curso del Tormes, que le sirve de límite en el flanco septentrional. El término municipal de Santa Marta limita con los términos municipales de Salamanca, Cabrerizos, Pelabravo y Carbajosa de la Sagrada. Su extensión superficial es de 10,01 kilómetros cuadrados.

Entre los antiguos y viejos caminos cabe señalar el que llevaba a Salamanca; el que conducía a Alba de Tormes, pasando primero por Calvarrasa de Arriba; el que unía entre sí Carbajosa de la Sagrada y Santa Marta, y el de Pelabravo. Junto a ellos existían otras veredas como las de Gargabete, Narros, la Pinilla y Carpihuelo, antiguos núcleos que pasaron a ser despoblados.

Cruza el término aproximadamente por su zona central, de oriente a occidente, la carretera de Salamanca a Madrid, en una extensión de 4 km desde el 204 al 208, según la antigua numeración reflejada en el plano topográfico 1:50.000. La autovía de Madrid, al sur de la antigua carretera provincial, bordea el caso antiguo, pero igualmente atraviesa el término municipal. Al lado occidental cruza también algo más de un kilómetro la carretera que fue de tercer orden de Salamanca Alba de

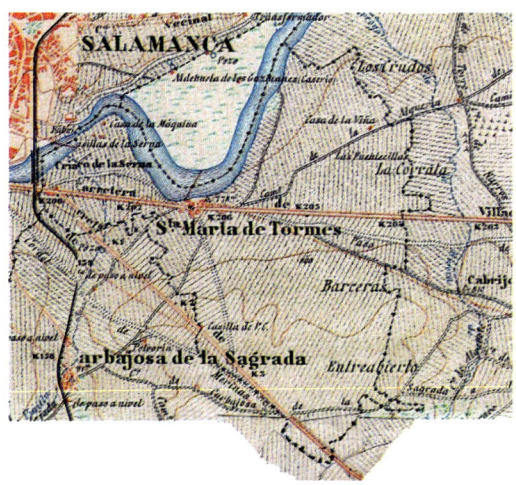

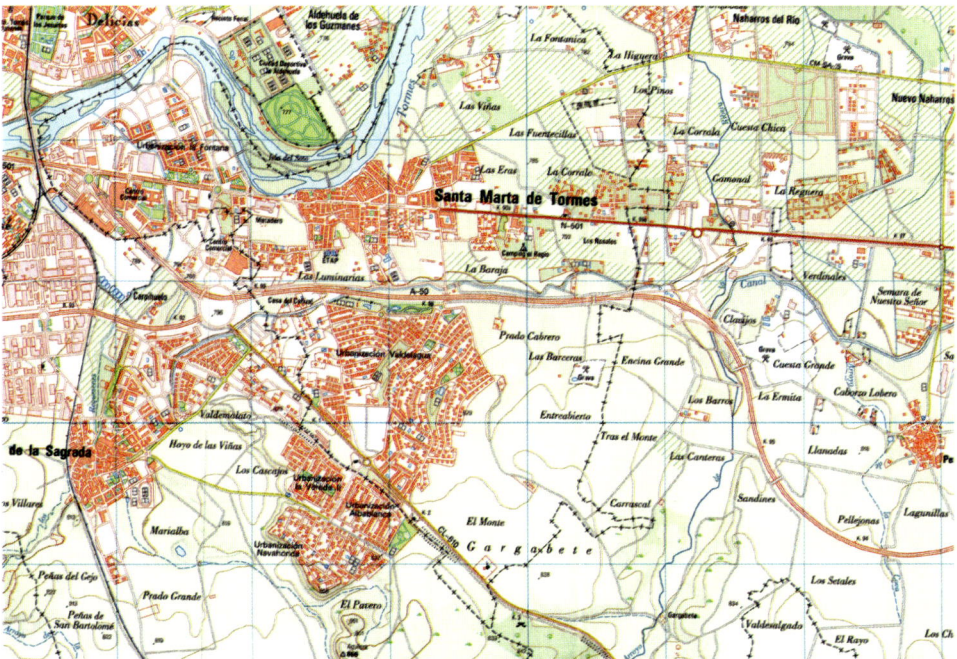

Santa Marta de Tormes: Término municipal según la hoja del mapa topográfico nacional 1:50.000. Este término municipal tiene forma aproximada de abanico que se abre hacia levante. El río Tormes marca el límite septentrional; al sur limita con los de Pelabravo y Carbajosa de la Sagrada; al este también con el de Pelabravo; y al oeste con el de Salamanca y Carbajosa de la Sagrada. El límite con Salamanca llega a escasos metros del puente de ferrocarril, llamado Puente del Pradillo. Por medio del término cruzan de oeste a este la carretera y la autovía de Salamanca a Madrid. El segundo cuadro muestra el mismo término pero epoca reciente. Obsérvese el crecimiento urbano, y el cambio de topónimos. Los elementos geográficos principales de Santa Marta son: 1. Un río, 2. Una llanura. 3. Dos vías de comunicación. 4. Situación próxima a Salamanca.

Tormes, en tanto que se está a la espera de una nueva autopista que enlace Santa Marta con Alba de Tormes.

La historia de Santa Marta de Tormes ofrece dos períodos bien caracterizados y muy diferentes uno de otro. El primero corresponde a este lugar cuando, por espacio de muchos siglos, fue un pequeño pueblo. Esta categoría abarca desde su origen hasta el año 1965 aproximadamente. El segundo comprende una época reciente desde el año 1965 hasta la actualidad, y se define por una expansión demográfica y urbana, que deja atrás todos los componentes de ruralidad para ganar los de una ciudad.

Durante la larga existencia de Santa Marta como una aldea más de la provincia de Salamanca, las noticias sobre este pueblo son relativamente escasas, lo cual se debe a su pequeñez y vida rural continuada por inercia y de modo tradicional. Por eso mismo, alumbrar todo el largo pasado de Santa Marta de su primer período histórico resulta sumamente difícil. Es muy probable que dentro de los conocimientos que se alumbren queden ignorados algunos acontecimientos más o menos relevantes. Y en este estudio histórico se añade, además, que, en el caso de obtener algunos datos de ese pasado remoto, éstos resultan principalmente de carácter económico y de pequeña cuantía, muy semejantes a los habidos en otros núcleos rurales, cuya reiteración temporal puede generar cierto cansancio o rechazo en el lector que busque singularidades. Sin embargo, será preciso presentar tantos datos como aparezcan, sean de la clase que sean, pues, *a priori*, podría pensarse que se van a encontrar escasas noticias, y de menos enjundia y menos atractivas y curiosas que lo deseable.

Así las cosas, la experiencia nos muestra que, por lo común, pese a realizar investigaciones detenidas, nunca se pude presumir de haber apurado y encontrado toda la información posible. ¿Por qué? Porque la investigación siempre está sometida a contingentes. Es posible que, al pasar un tiempo, por otros estudiosos se obtenga información que al presente no se ha dado con ella. Quizá noticias no documentadas ahora pueden andar guardadas en alguna familia particular, o bien pueden aparecer en documentos de los archivos más insospechados, como lo son los de fuera del ámbito de Castilla y León, el de la Administración de Alcalá de Henares, el Histórico Nacional de Madrid, el de Hispanoamérica de Sevilla, etc.

Atendiendo a las razones expuestas, dejo aclarado que este trabajo se ha de considerar una aproximación histórica lo más completa que se pueda, pero no en su más extrema y perfecta totalidad. Se ha realizado desde Salamanca, siempre buscando el conocimiento de los hechos, logrando resultados óptimos y suficientes del pasado de Santa Marta, lo que no significa entrar a fondo en la intrahistoria, ni hacer historia de casos particulares, sino que se ha seguido la historia de un pueblo, de su colectividad en conjunto.

De Santa Marta se puede ofrecer una visión bastante acertada en determinados momentos, que son los siguientes:

– Mediados del siglo XVIII, al efectuarse la operación catastral para la Única Contribución, es decir, el Catastro de Ensenada.

– La guerra de la Independencia, en donde este pueblo toma protagonismo involuntariamente por cuanto los ejércitos combatientes pasan el río Tormes por el vado de Santa Marta.

– El segundo tercio del siglo XIX, cuando, por la desamortización, surge un reducido grupo de propietarios de fincas y, además, comienza a realizarse la carretera de Vigo a Villacastín, que pasará por mitad del pueblo de Santa Marta, y la unirá con Salamanca más ventajosamente que hasta entonces.

– La explotación agrícola ganadera de la finca conocida por La Serna en el primer tercio del siglo XX.

– La transición del mundo rural al urbano de 1955 a 1965 aproximadamente

Estos momentos del pasado servirán a modo de hitos para con ellos subdividir metodológicamente el devenir histórico y presentar los hechos principales.

III. CUANDO NO EXISTÍA SANTA MARTA: TIEMPOS REMOTOS, ANTIGUOS Y ALTOMEDIEVALES

3.1. El espacio de Santa Marta en tiempos prehistóricos, prerromanos y romanos

De esta larguísima época prehistórica, protohistórica y romana con relación al espacio que se conoce como Santa Marta apenas se puede decir nada concreto. Solamente se puede hablar por deducción, y no mucho. Así, por ejemplo, conociendo que los valles de los ríos eran frecuentados por el hombre depredador del Paleolítico, y viendo que en el valle del Tormes medio (zona de La Maya, de Galisancho y de Éjeme) se han hallado varios instrumentos de piedra del paleolítico inferior como hachas, rascadores y punzones[1], cabía suponer que también la zona de Santa Marta en tiempos muy remotos fuese recorrida por hombres prehistóricos. Se han realizado hace unos años algunas prospecciones en la isla de Soto y en la zona sureste de Valdelagua, y, según han publicado Silvia G. Rojo[2] y Luis Alfonso Hortelano Mínguez[3], hay material encontrado del Paleolítico inferior (cultura achelense, que, en general, es de grandes piezas, bifaces) y también del mucho más posterior musteriense, del Paleolítico medio, y que, por lo general, se asocia a los neandertalianos.

Otro tanto cabe deducir al ver el origen de Salamanca en el poblado del cerro de San Vicente[4] y en otros yacimientos en la zona de las catedrales y de la facultad de

---

[1] Especialmente en la zona de Galisancho y Alba de Tormes, hay utensilios como bifaces, puntas de flechas y otros restos que se conservan en el Museo de los Padres Reparadores de Alba de Tormes, y en gran medida se deben a la actuación del P. Belda. Pero todo esto sin olvidar a su precedente, el P. Morán Bardón, y sus descubrimientos en yacimientos prehistóricos, por ejemplo, en el cerro del Berrueco (El Tejado).

[2] *El Norte de Castilla*, «Arte y cultura: Ejemplo de un municipio de evolución», de Silvia G. Rojo, miércoles 22 de junio de 2022.

[3] *Santa Marta de Tormes*. Luis Alfonso Hortelano Mínguez. Salamanca, 1999.

[4] *Los orígenes de Salamanca. El poblado protohistórico del cerro de San Vicente*. Carlos Macarro, Cristina Alario García. CES. Salamanca, 2021. *El Cerro de San Vicente*. Ricardo Martín Valls.

Geografía e Historia, que datan de época prehistórica, en general de la Edad de Hierro. Aquellos habitantes de la Edad de la Piedra y luego de la Edad de los Metales pudieron desplazarse a distancias cortas para buscar pesca, caza y leña, y para hollar con frecuencia el espacio que muchos siglos después ocupó Santa Marta de Tormes.

Los dólmenes abundan en las cercanías del Tormes, y por eso cabe también imaginar que pequeñas hordas humanas se moverían de unos sitios a otros cercanos al Tormes buscando comida, relación o ayuda entre aquellas gentes primitivas. Muchos de los dólmenes de época neolítica siguieron habitados hasta la época posterior, la de los celtas. La deducción lógica también es la de aventurar movimientos de personas que fueran de unos dólmenes a otros, siguiendo las orillas del Tormes y cruzándolo por sus vados.

En Carbajosa de la Sagrada, Ripas y Villagonzalo hubo castros prerromanos. En medio de ese triángulo geográfico queda situada Santa Marta. El topónimo de las talayuelas que se dio a un teso de su término municipal es un indicio bastante significativo de la posibilidad de un castro, pues, según el P. César Morán, la voz «atalaya» deja entrever la existencia de un castro, o de una torre de defensa y de observación. Por tanto, en Santa Marta pudiera haber existido algo así como una atalaya, ya con carácter de avanzada y de vigía, ya como resto de algo con más entidad, como un asentamiento muy remoto; aunque también el topónimo la tayuela pudo ser mucho más tardío y tener origen en la Baja Edad Media o incluso posteriormente.

Los restos arqueológicos encontrados al excavar en solares de casas de la calle de la Rúa confirman que Salamanca albergó en el llamado teso de las catedrales un poblado amurallado de época celta. Ese poblado, con sus casas ovaladas y torres defensivas, sirvió de base urbana para Helmantice. Queda bien documentado que Helmantice (Salamanca) fue algún tiempo ciudad en el límite de territorio de los vaceos, y más propiamente ciudad vetona[5]. Y esta ciudad fue ganada por los cartagineses, a cuyas tropas darían auxilio y provisiones para campañas militares. El camino que posteriormente ha sido llamado Vía de la Plata ya funcionaba como ruta de llegada de gentes prospectivas de metales desde tiempo anterior a la dominación romana. En consecuencia, se puede deducir que, por las cercanías de Santa Marta, venían gentes ya a buscar productos de minas, ya en plan de conquista o de retirada tras alguna derrota, si la habían experimentado.

Conquistada la meseta castellana por Roma, Salmantica fue una ciudad romana de Hispania, y de Roma recibió a lo largo de varios siglos muchas influencias hasta conseguir de pleno la romanización. Entre los muchos testimonios de esta

---

[5] Salinas de Frías, Manuel: *La organización tribal de los vetones: pueblos prerromanos de Salamanca.* Salamanca, 1982, Universidad de Salamanca.

característica romana de Salamanca se encuentran las ruinas de su muralla, el puente y algunas lápidas, por ejemplo, las incrustadas en el muro de entrada del Palacio de Anaya. También es obvio que en Huerta, a la orilla del Tormes, donde el río cambia de dirección a pocos kilómetros aguas arriba de Santa Marta, se encontró un yacimiento importante romano[6] al que hay que unir otros hallados en Miranda de Azán y Villagonzalo, pues todos ellos son yacimientos muy cercanos a Santa Marta. Por tanto, la comunicación entre la ciudad romana de Salamanca y la villa romana de Huerta y otros puntos con vestigios romanos deja entender el tránsito humano de unos lugares a otros. Y para cuantos no les fuera fácil pasar el río por el puente romano de Salamanca por exigencia de control o del pago de un antiguo portazgo, el conocido «vado de Santa Marta» podía ser una solución atractiva para cruzar las aguas fluviales por este punto.

También hay que recordar la Vía de la Plata como principal vía de comunicación desde Mérida a Salamanca, sin olvidar que desde Alba de Tormes partía, como si fuera una especie de ramal, otra vía romana que llegaba a Salamanca, en donde enlazaba con la Vía de la Plata. Pues bien, esta vía romana secundaria pasaba por el término de Santa Marta, y tanta trascendencia tuvo que, en general, ha marcado el límite occidental del término.

Recientemente, en el verano de 2023, se han descubierto restos romanos en Villamayor, en el noroeste cercano a Salamanca. De lo cual se infiere el siguiente argumento: Si en la socampana de Salamanca abundan restos romanos y tardorromanos, tanto al sur de la ciudad como en el noroeste, es probable que también los hubiera en el cercano sureste, es decir, en Santa Marta. Porque la cercanía, la facilidad de comunicación y la colonización del campo que queda alrededor de la ciudad dan lugar para establecer esta hipótesis, que, por el momento, no se ha confirmado con el hallazgo de vestigios materiales de aquellos siglos[7].

3.2. El espacio que ocupó la población de Santa Marta en tiempos alto-medievales

Más obscuros que la época romana resultan para Santa Marta los tiempos de los visigodos, pues, si ciertamente queda algún resto visigodo en la urbe salmantina y algunas citas en los concilios de Toledo de esta ciudad[8], eso resulta poco en

---

[6] Regueras Grande, Fernando, y Pérez Olmedo, Esther: *Mosaicos romanos.* Junta de Castilla y León, Salamanca, 1998.

[7] La mayor parte de los yacimientos prehistóricos y protohistóricos han quedado recogidos en la Historia de Salamanca, Volumen I, «Prehistoria y Edad Antigua. Salamanca», CES, 1997. Coordinadores: Manuel Salinas y José Luis Martín Martín.

[8] Sánchez Rodríguez, M.: *La Catedral Vieja de Salamanca. Enigmas de un claustro.*

comparación con lo que puede decirse, por ejemplo, de Córdoba, Mérida y Toledo. Más testimonios del dominio visigodo quedan en la provincia de Salamanca que en la propia capital[9]. Si se observan los sitios de hallazgos de pizarras visigodas[10], se advertirá que, entre otros lugares, se hallan Diego Álvaro y Salvatierra de Tormes y las Veguillas[11], y citando los más cercanos a Santa Marta, se han encontrado en Miranda de Azán, en Huerta y en la Aceña de la Fuente (Salamanca). Todos estos yacimientos están relativamente cercanos al curso del río Tormes y no lejos de la Vía de la Plata. De lo cual se puede inferir que, si en Huerta y en Salamanca se encontraron pizarras visigóticas, como Santa Marta queda en medio de ambas, los visigodos pudieron también transitar por la zona de la población que estudiamos, nada más eso. Además de los lugares citados con vestigios visigodos, hay otros hallazgos visigodos algo más retirados de Santa Marta, como son los catalogados en Salvatierra de Tormes y en Béjar, que también apoyan el tránsito por la Vía de la Plata en época visigoda. Algo semejante se puede deducir al considerar el ramal de vía romana que desde Alba llegaba a Salamanca.

Por lo que hace al asentamiento de población islámica, es sabido que Salamanca estuvo ocupada por habitantes de esta religión a partir de comienzos del siglo VIII tras la batalla del río Guadalete y la conquista de las principales ciudades de Hispania. En ellas, incluida Salamanca, hubo un asentamiento de gentes de religión islámica. Parece ser que en el mismo siglo VIII se reconquistó Salamanca por Alfonso I, pero que prontamente se volvió a perder, con lo cual habrá que esperar hasta el siglo X, cuando las tropas de Abderramán III fueron derrotadas en Simancas (939) por Ramiro II de León y, seguidamente, en su retirada hacia el sur, también sufrieron quebranto en Alhándiga[12], tras su paso por Salamanca. Aunque parece que hubo intentos de repoblación por el citado rey de León para repoblar Salamanca, Ribas, Peñausende y otras plazas, esa primera y temprana repoblación no fue efectiva. Respecto de Rivas, hay que decir que no se ha sabido exactamente en dónde estuvo ubicada. Sin embargo, algunos historiadores del siglo XIX la situaron en la zona de Cabrerizos o Santa Marta. Y, como de aquella fortaleza no quedan vestigios, se presume que pudo ser arrasada por las guerras o por las avenidas del río Tormes.

Durante la dominación islámica perduraron grupos de mozárabes a los que les permitieron ocupar zonas exteriores de la muralla al sur de la ciudad de Salamanca

---

[9]   Orlandis, J.: *Historia del reino visigodo*. Ediciones Rialp. Madrid, segunda edición, 2006.

[10]   Velázquez Soriano, I.: *Las pizarras visigodas*. Instituto Castellano Leonés; y Real Academia de la Lengua. Salamanca, 2004.

[11]   Se encontraron monedas de oro de la época de Witiza.

[12]   Hay un río y un pueblo con esta denominación, es una zona de la jurisdicción de Alba de Tormes.

en las márgenes del Tormes, en donde hubo iglesias mozárabes que se citan sin contradicción alguna por varios historiadores, como José María Cuadrado. El pueblo llamado Mozárbez sirve de ejemplo de un asentamiento cristiano, pero no hay certeza de si estos mozárabes procedían de población sometida en la zona islámica y habían llegado como refugiados tras haber salido de Córdoba o de otras zonas del sur peninsular. La difusión del culto de santa Eulalia de Mérida puede rastrearse en el pueblo Santa Olalla (La Fuente de San Esteban), núcleo del que no está distante la finca Mozarbitos, e igualmente en el pueblo de Las Torres, que está situado cerca de Mozárbez, ambos próximos a Santa Marta. Sin embargo, no parece que a la antigua aldea de Santa Marta pueda tocarle nada de una hipótesis que contemplase población mozárabe en lo que luego fue su término municipal.

Respecto de Santa Marta, nada se puede afirmar de esas épocas obscuras de la historia provincial salmantina. Y quizá lo que más al caso convenga es ver que muchos lugares en que se asentaron los repobladores de la baja Edad Media habían sido primeramente sitio de antiguos asentamientos, cosa que de Santa Marta solo cabe suponerlo, pues nada hay que esto pueda ser apoyado históricamente.

Imagen de Santa Marta recientemente donada a la iglesia parroquial.

IV. SANTA MARTA EN LA BAJA EDAD MEDIA

4.1. SANTA MARTA: SU ORIGEN, SU NOMBRE, LUGAR DE UBICACIÓN Y ALDEAS EN SU PROXIMIDAD

Parece lógico pensar que el nombre de Santa Marta y el núcleo de población que lo lleva nacieran a un tiempo. Esto, sin duda, pudo ser en los inicios del siglo XII, cuando la repoblación de Salamanca y su término, que se hizo bajo la dirección de Raimundo de Borgoña, esposo de doña Urraca, hija de Alfonso VI de León.

Esta repoblación del territorio dependiente de la jurisdicción de Salamanca, ciudad cabecera de un distrito, se hizo surgiendo en el término jurisdiccional salmantino (alfoz, lo llamaron posteriormente algunos) una serie de pequeños núcleos que se iban formando en sitios en que hubiera algún modo de sacar fácilmente determinados aprovechamientos. Lo esencial y más favorecedor para el asentamiento era la existencia de agua, ya fuera un río o una fuente. Y también ventajoso que hubiera terreno suficiente para sembrar por los colonos que llegaban, y que produjese pastos para el ganado que tenían o que valiera para comprar en cuanto les fuera posible, y, por último, que el sitio facilitase la defensa en caso de guerras o invasiones.

Haciéndose así como va expuesto, consecuentemente la repoblación de la provincia de Salamanca originó muchas aldeas, pequeñas y muy próximas entre sí. El espacio provincial se organizó poniendo jurídicamente las pequeñas aldeas y también los pueblos mayores bajo la cabecera administrativa de una ciudad o de una villa importante. Se formaron en muchos casos las denominadas «Comunidades de Villa Tierra». Muchos de los núcleos de asentamiento de repobladores recibieron el nombre que tenían de antiguo; otros lo tomaron de la naturaleza del lugar; bastantes aldeas se llamaron con el nombre de algún caballero que venía al frente de un grupo de repobladores, o de la procedencia de los repobladores; y algunos núcleos se denominaron con el nombre de un santo protector. Solo por mencionar algunos ejemplos, tenemos: Los Villares, por haber sido previamente un asentamiento; La Nava, Horcajo, Endrinal, Puerto de la Calderilla, debidos a la geografía del lugar; Martín Pérez, Galind-Yuste, y Sancho Tello, por haberse asentado los repobladores guiados por un caballero que estaba al frente del grupo; Naharros, Gallegos, Castellanos, etc., por la procedencia de los repobladores. Y, finalmente, con relación a haber tomado la advocación de un santo, vemos San Pelayo de Guareña, San Pedro de Rozados, San Esteban de la Sierra, San Julián de la Valmuza, Santa María de lo Llano, San Martín del Castañar y, también, Santa Marta.

El nombre de un santo tampoco fue puesto al azar ni por casualidad. Debió de haber una serie de razones, quizá dadas por los clérigos, que explicarían las denominaciones. Por ejemplo, San Cristóbal se ve en los pueblos situados en un alto, y lo mismo y más claramente sucede con San Miguel; y también el nombre de una aldea o lugar pudo ser puesto debido a la devoción que traían consigo los repobladores, por ejemplo, San Belid lo traían los procedentes de Galicia, nombre que luego en castellano dio Sambellín. Y como Santa Marta fue una santa de mucha devoción en Francia, sobre todo en la zona meridional, de ello se deduce que los repobladores de este pueblo que estudiamos pudieron ser de origen francés, o acaso de los toreses que fundaron la iglesia de san Martín de Tours de Salamanca. Esta hipótesis también encuentra un sencillo apoyo en el nombre de una calle denominada desde antiguo calle de la Rúa, como sucede en la ciudad de Salamanca.

Enseguida se advierte que muchos nombres de pueblos comúnmente van seguidos de un determinativo, por ejemplo, de la Valmuza, de la Sierra, de Rozados, lo que se hizo necesario para su mejor identificación y diferenciación de otros pueblos con idéntica denominación. Si en la provincia de Salamanca se da efectivamente la repetición del nombre, tal como pasa con Encinas, y Calvarrasa, que se distinguen por el determinativo de Arriba y de Abajo, cuanto más sucede la repetición considerando toda la geografía española, en la que hay infinidad de pueblos que tienen un nombre concreto que es el mismo en infinidad de poblaciones. En la proximidad de Santa Marta, en términos generales y atendiendo al nombre, había un Naharros, un Noja y un Pela Bravo. Así pues, lo rodeaban gentes de Santander, de Navarra y de Galicia.

Y por lo que toca a Santa Marta, hay varias poblaciones así llamadas, poblaciones en España y algunas de ellas son notoriamente importantes, como la de Córdoba, la de Badajoz, la de Galicia, etc. La repetición del nombre podía generar serias dificultades de identificación, de puntos de destino de viajes, de correos, en el comercio, etc. Para evitar esos posibles problemas, el señor Foronda, vocal de la Sociedad Geográfica, propuso en 1906 un proyecto de cambio que fue aceptado[13]. Desde entonces la población salamantina cercana a la capital se llama Santa Marta de Tormes.

---

[13]   *El Adelanto,* 20 de abril de 1906.

Con este su cognomen de Tormes, el pueblo quedó muy claramente identificado y bien diferenciado, pues, además de no haber ninguna otra aldea en la provincia dedicada a Santa Marta, por la segunda parte del nombre se deja entender que su ubicación no ha de estar distante del referido río.

La Santa Marta patrona del pueblo y la que da nombre a esta población es la bíblica Marta, coetánea de Jesús, hermana de María y de Lázaro, el resucitado por Jesús. Por tanto, la referencia completa vendría especificada añadiendo Santa Marta de Betania, patrona de esta población. Naturalmente, eso crearía confusión. Por tanto, y en honor a la brevedad, bien está como siempre se ha llamado[14].

Santa Marta de Tormes surgió en la orilla del río de este nombre, a cuatro kilómetros de distancia de la ciudad de Salamanca. Su término municipal fue bastante extenso para el corto número de repobladores que se instaló en la aldea naciente. Gozaba de agua abundante, buenos y frondosos pastos, y terreno apto para cereal, viñedo y huertas. En sus proximidades se hallaban los siguientes núcleos: La Aldehuela de los Guzmanes, Carpihuelo, Gargabete de Abajo, Calvarrasa de Abajo, Pelabravo, Cente-Rubio, Aldelengua, Cabrerizos y Carbajosa dc la Sagrada.

Desde hace tiempo, se conoce perfectamente que se despoblaron ya hace siglos la Aldehuela de los Guzmanes, Gargabete, Carpihuelo y Cente-Rubio, mas lograron subsistir Calvarrasa de Abajo, Aldealengua, Carbajosa de la Sagrada, Cabrerizos y Santa Marta. No es ahora ocasión de entrar en el análisis de las causas de la despoblación de aquellos y otros despoblados, como tampoco en este epígrafe hablaremos de la supervivencia y expansión demográfica y urbana de Santa Marta.

4.2. SANTA MARTA EN LOS SIGLOS XI Y XII

La Baja Edad Media abarca desde el siglo XI al siglo XV, ambos incluidos. De estas cinco centurias no hay una cantidad exagerada de datos, sino módica, pero, al menos, no nos deja carentes de noticias, especialmente de tipo económico sobre fincas rústicas. Se contienen en la documentación correspondiente del cabildo catedralicio, y se custodian en el Archivo de la Catedral de Salamanca. Para presentar toda esa información de época medieval, se va a ir haciéndolo siglo por siglo, y en la medida posible mediante tablas de datos, para que metodológicamente la exposición resulte más comprensible.

Poco se puede decir en relación con Santa Marta de la centuria undécima, e igualmente muy poco de la duodécima, pero hay algo importante a escala más

---

[14] No sobra saber que en la historia de la Iglesia católica ha habido al menos otra santa Marta (o varias) con este nombre que fueron de época posterior, y por supuesto menos conocida que la Marta hermana de Lázaro y de María.

amplia que no se puede dejar en omisión: es la conquista de Toledo en 1085, que permitió la repoblación de ciudades y pueblos que están situados al norte del sistema central, como son Salamanca, Ávila y Segovia. Siempre se ha dicho que Salamanca comienza su repoblación a partir de 1102. Esta repoblación o puesta del territorio y sus gentes bajo la autoridad del rey de León y la administración cristiana fue encomendada a Raimundo de Borgoña, casado con doña Urraca, hija de Alfonso VI. El yerno del rey, acompañado por don Gitalt Bernal, y ambos auxiliados por el obispo don Jerome Visqué, o sea, el prelado don Jerónimo de Perigeux, monje benedictino, que había sido capellán del Cid Campeador, tuvieron la dirección de establecer la nueva administración jurisdiccional.

Don Jerónimo Visqué fue obispo de Salamanca desde el año 1100 hasta el 1120. En ese tiempo se trasladó la sede obispal salmantina desde San Juan Viejo a la catedral vieja. En ella se colocó la imagen de Santa María de la Sede, o sea, la Virgen de la Vega, nombrada patrona de esta catedral, y también del Cristo de las Batallas, invocado contra las incursiones guerreras de enemigos en las grandes calamidades y pestes. Importante fue también que este obispo dejase establecidos los canónigos constituyentes del cabildo de la catedral, porque esta institución va a tener propiedades importantes en Santa Marta, concretamente en la zona conocida por La Serna.

Lo verdaderamente interesante es que ya desde aquella época aproximadamente de 1102 y años sucesivos quedase Santa Marta establecido como concejo, con su propio término, pues la ciudad de Salamanca pudiera fácilmente haberlo englobado en su dominio, pero no se hizo. Esto significa que tuvo que tenerse en cuenta algo que viniera de antiguo, como alguna demarcación de la propia ciudad de Salamanca, y algún territorio dejado para las aldeas y arrabales. Es decir, la repoblación no fue permitir que cada cual se adueñase del territorio que quería, sino guardar una normativa, garantizada por las autoridades.

4.3. Santa Marta en el siglo xiii: Noticias, fincas y dueños mencionados

En el siglo xiii ya aparecen más noticias escritas que se pueden apuntar como datos para la historia de Santa Marta. Se ha escrito que la primera vez que aparece documentado el nombre de Santa Marta es en 1201, cuando se venden «unas casas, una huerta, una era y un vilar» al arcipreste Pedro Lucio. Esa fecha corresponde a un siglo después del inicio de la repoblación. Pero precisamente de esa venta se deduce que Santa Marta llevaba poblada ya hacía años, aunque es aventurado decir cuántos. En la venta de las casas que realiza Blasco Gordo se habla de «heredad», palabra que encierra dos significados, «recibido en herencia» o sencillamente un predio rústico o urbano. Pero, si estas fincas urbanas hubieran sido hace poco fabricadas, posiblemente se les hubiera aplicado el calificativo de nuevas o recientes, o, por el contrario, casas deshabitadas o ruinosas. Al no decirse adjetivo alguno, queda implícito el significado de 'construidas hace algún tiempo', pero 'en buen uso'. Efectivamente, las casas (en plural) no se hacen de un año para otro, y más por un matrimonio que tenía cuatro hijos, que juntamente con sus hijos son los vendedores. Igualmente, dado que las tierras están bien delimitadas, también eso deja entender que otros colonos poseen casas propias arrendadas que utilizan como viviendas. Finamente, el referido Blasco Gordo también vende una era, que es «prado para trillar», y un vilar, del que no se dice en esta venta qué es, pero de lo cual ya se ha hablado en un epígrafe anterior.

Como en los siguientes años el citado arcipreste siguió comprando más fincas en Santa Marta, esos predios con sus delimitaciones correspondientes confirman lo que arriba ha sido expuesto, que no se vende algo recién roturado o plantado, sino labrado y produciendo. La firma en cada una de las enajenaciones de muchos testigos, y que además son de clase señalada, la enorme multa que se impondría al comprador que no pagase el precio estipulado y la alusión al alcalde de Salamanca dan un testimonio valioso a las citadas ventas, y casi podría afirmarse que los testigos conocían en alguna medida las fincas de Santa Marta.

En 1213 se vende por Esteban Domínguez y sus padres, Abril y Orovida, al arcipreste Pedro Lucio una tierra en Santa Marta por 9 maravedís, y los vendedores especifican «estamos bien pagados y nada falta que darnos». De esta tierra se dicen los límites por las cuatro partes: una limita con tierra de don Rolán, otra parte con tierra de Marina Pelaiz, la tercera parte con tierra de Juan, hijo de Salvador, y la cuarta parte con el camino que llevan los hombres de Santa Marta cuando van a Pelabravo. Y la vendemos de hoy en adelante de manera que de nuestro patrimonio sea eliminada y en vuestro dominio sea puesta y confirmada». Se reiteran luego las acostumbradas advertencias y el anuncio de castigos si alguno no cumple lo establecido en la venta y hace traición. Después se dice quién es el rey en León y las autoridades de Salamanca. Luego se enuncian los testigos que vieron y oyeron y estuvieron presentes en la referida venta, hasta 19, más toda la colación (parroquia) de San Isidro, Y, por último, se acaba la escritura diciendo que la han firmado los padres del vendedor y la ha registrado el notario Romano.

Por consiguiente, ya se ven en este documento algunas ideas importantes: a) que en Santa Marta existen otras tierras y se conocen sus dueños; b) que a la venta se le da un carácter casi religioso, pues está hecho delante de muchos fieles de una parroquia; c) y, finalmente, que los testigos son muchos y de diversas profesiones. Al siguiente año, el mismo vendedor anterior vende al mismo comprador un majuelo por xx maravedís, y el tenor de la venta es muy semejante al expuesto de la venta de la tierra[15].

---

[15] *Documentos de los Archivos Catedralicio y Diocesano de Salamanca*, n.º 135 la tierra y n.º 136 la viña. La diferencia radica en que aquí se cita a la mujer de Esteban, D.ª Sancha, y que la viña tiene más valor que la tierra. Martín Martín, J. L. y otros. Universidad de Salamanca. 1977.

Esta institución vino a dar prestigio a la ciudad, así como a contribuir a fortalecer la posición de la iglesia local. La batalla de las Navas de Tolosa en 1212 fue un triunfo grande para las armas cristianas. El reino de León no participó como tal en esa gran cruzada, aunque sí fueron a la cruzada caballeros y gentes del reino de León. En Santa Marta se notarían poco o nada las repercusiones inmediatas favorables, aunque a la larga efectivamente tuvieron efecto, como sucedió en gran parte del territorio cristiano español, por cuanto se iba alejando el peligro de las aceifas de los musulmanes.

De 1224 es un documento dado por Alfonso IX de León relativo a un nuevo reparto de tierras y bienes para facilitar un nueva repoblación de la tierra de Alba de Tormes. Ese documento contiene un privilegio otorgado por el rey para compensar a los pueblos por los daños sufridos durante las guerras habidas entre Castilla y León. No consta si esos daños sucedieron también en los núcleos cercanos a la tierra de Alba de Tormes, como es Santa Marta, pero pudiera haber sufrido algo semejante. La adjudicación de tierras, molinos y aceñas a los habitantes de las aldeas de la tierra de Alba de Tormes tuvo que mover gentes de Salamanca hasta Alba, y el hecho pudo despertar afanes de igualación a lo que sucedía en aquellos pueblos cercanos.

En el año 1256 el Tormes tuvo una tan gran avenida que destruyó en esta ciudad muchos edificios situados en las márgenes del río, especialmente los de su orilla izquierda. Entre otros derribó el convento de monjas de Santa María de León y la iglesia de San Esteban, que era de ellas y estaban ubicados en La Serna, abrió el cauce llamado cordón de Santa Marta; arrancó la aceña y pesquera del Arco de la Aldehuela; arruinó el convento de los padres dominicos (situado en el arrabal del puente) y dejó resentido el puente mayor[16]. Esa misma avenida pudo deteriorar las dos aceñas[17] que el cabildo en Salamanca probablemente poseía en Santa Marta. Pero si acaso no las tenía, pudo hacerlas y ponerlas en funcionamiento no mucho después, por cuanto 42 años después, en 1298, aquellas dos aceñas, llamadas «nuevas», ya estaban muy necesitadas de reparación. El cabildo catedralicio de Salamanca tenía interés en la molturación de cereales[18]. Los canónigos de Salamanca, metidos en las obras de las referidas aceñas, situadas junto a Santa Marta, habían entablado una demanda a los encargados de repararlas. Estaban muy necesitadas de reparación para que funcionaran bien y precisaban la aceña de fuera, un eje nuevo, y la de dentro, un puente y un cabezal; y también era necesario reparar los edificios, para los que se necesitaban tejas, ripio y un seto que los cercara.

---

[16]   *La Provincia n.º 68,* año 1867: 3 de noviembre, Sección Efemérides.

[17]   Que serían las aceñas viejas, por contraposición a las que salen pocos años después llamadas las aceñas nuevas.

[18]   Martín Martín, J. L.: *El patrimonio de la catedral de Salamanca., op. cit.* p. 102.

Además de las aceñas, el cabildo de la catedral de Salamanca tenía otros intereses económicos en Santa Marta. Martín Martín, J. L. escribió: «El crecimiento de la ciudad y también del cabildo fue factor favorable para la adquisición de viñas, tierras, prados. etc. que faciliten el aprovisionamiento de la población en general y del cabildo en particular»[19].

Hasta el año 1265 el nombre de Santa Marta no aparece como una parroquia más de las que pagan el préstamo del obispado de Salamanca[20]. En ese año percibía el «préstamo» de Santa Marta el arcediano de la catedral de Salamanca, don Fernando Alfonso, hijo de Alfonso IX, persona cercana al arzobispo de Santiago, que también recibía él préstamo de otra media docena de aldeas[21] para compensar el resaltar las celebraciones litúrgicas (página 111 y plano).

En este siglo se va a dar la unión definitiva de Castilla y León. Reinan Fernando III, que conquistó gran parte de Andalucía, que fue muy beneficioso para Castilla, y lo siguió su hijo Alfonso X. Ambos protegieron las artes, la cultura y la religión cristiana. La Universidad de Salamanca y la catedral recibieron algunos privilegios. Indirectamente estas cosas tocaban a los pueblos, porque las tercias de cada pueblo se concedieron a la universidad y mayoritariamente el monto de todas ellas procedía del mundo rural.

Respecto de las fincas, la tabla n.º 1, elaborada para resumir la exposición, permite captar la clase de finca, el vendedor, el comprador y el precio pagado.

TABLA 1. Fincas vendidas en Santa Marta[22] en el siglo XIII

Año	Finca y sitio	Vendedor	Comprador	Precio en maravedís
1201	Una huerta y casas	Blasco Gordo	Arcipreste Lucio	33
1201	Una tierra a Casasola	Blasco Gordo	Arcipreste Lucio	28
1202	Casas y viñas	Pedro maestro	Arcipreste Lucio	90
1212	Viñas	María Pérez	Don Pascasio	34

---

[19]   José Luis Martín Martín: *El patrimonio de la catedral de Salamanca*, pág 96. dice: «El cabildo compra numerosas viñas en Villamayor, y también llegan a sus manos casas, viñas, huertos y tierras en Santa Marta, que compra Pedro Lucio (para sí mismo o para el cabildo)». Nota 314 (Documentos 11, 115, 116, 132, 133 y 136).

[20]   Martín Martín, J. L.: *El patrimonio de la catedral de Salamanca, op. cit.*

[21]   El préstamo se justificaba en que está destinado a recompensar los cuidados y los beneficios hechos a la parroquia para resaltar la liturgia eclesiástica.

[22]   *Documentos del Archivo Catedralicio de Salamanca* (nota 358, documento 449).

Año	Finca y sitio	Vendedor	Comprador	Precio en maravedís
1213	Tierra	Esteban Domingo	Arcipreste Lucio	9
1214	Majuelo con su tierra	Juan Salvador		18
1245	Una tierra a Valcabero	D.ª Pascuala	Domingo Martín	12
1247	Una tierra a Valdepoz	D. Martín	Domingo Martín	4
1252	Una heredad	D. Yenego	D. Mateo D.ª Viv	15
1254	Una tierra	Fernán Fernández	Domingo Martín	33
1256	Una heredad	D. Mateo D Vivas	Domingo Martín	70
1261	Viñas, tierras, casas	Domingo García	Domingo Martín	40
Resumen	Doce ventas	Once vendedores	Cuatro comprad.	

Fuente: Realización propia.

En estos documentos se contiene la dificultad de identificar y situar en un punto concreto las fincas relacionadas, porque no se especifican los linderos atendiendo a los puntos cardinales. En algún caso les basta con decir de la una parte y de la otra parte; y, cuando ciertamente se mencionan linderos de cuatro partes, no dicen lo que corresponde a cada punto cardinal. Como va dicho arriba, por estas ventas sacamos los vendedores y los compradores de fincas urbanas. Algunos de ellos llevan antepuesto al nombre el calificativo del don, lo que demuestra cierta categoría o relevancia social, aunque, en el caso del arcipreste Lucio, no hace falta añadir el don, pues ya va implícito en su cargo.

Dos documentos resultan un poco más interesantes que los restantes. Uno es el acuerdo en 1259 del reparto de diezmos entre el obispo de Salamanca don Pedro y los clérigos de San Marcos. El otro es el testamento del obispo de Salamanca don Domingo. El primero de estos deja mención de lugares como el Castillo de Rivas, la Aldehuela de Pelay Rodríguez, el arroyo de Gargabete, que desciende al Tormes entre Santa Marta y Naharros, y las rocas que llaman Aguileras Carbajosa de la Sagrada. Es decir, ya aparecen algunas notas geográficas. El segundo documento, el del testamento, cita también muchas poblaciones, pero más alejadas de Santa Marta, entre otras Cantalapiedra, Ventosa, Alba de Tormes, Medina del Campo, San Miguel de Asperones, etc. El obispo deja muchas cantidades de trigo y centeno, y generosas mandas, entre las cuales se ven estas.

> Una heredad que compré en Santa Marta, que son dos yugadas unidas, las casas, el huerto y las viñas, heredad que compré a Domingo García y otros hombres, y otra

heredad que compré a doña Vivas y la di a Martín Pérez mi sobrino, y un par de casas que hice y la tiene María Martín, su hija, y una facera que está a mano derecha a la entrada de la aldea…— Y mando a las [monjas] de Santa Marta tres cahíces de trigo (y más adelante en otra manda) Mando a las [monjas] de Santa Marta seis maravedís para pitanza[23].

Resulta pues que con estos diecisiete documentos del siglo XIII se dan a saber muchos dueños de fincas urbanas y predios rurales, y de algún modo la dinámica de la propiedad de la tierra en la que invierten los poderosos.

La tabla número dos que se escribe más adelante[24] permite ver que son mencionadas veinte tierras específicas, más las correspondientes a tres ocasiones en que se dicen varias tierras, o bien se dicen «dos yugadas», las que, según es de suponer, que comprendían bastantes tierras. Las viñas, y uniendo a ellas los majuelos, suman en estas ventas hasta seis, pero en tres veces la referencia a este cultivo se hace en plural. Los testigos son siempre muchos, y, ocasionalmente, se citan otros testigos que asisten a la toma de posesión. El acto oficial de toma de posesión se hacía personalmente entrando los compradores físicamente en cada parcela adquirida, habiendo hecho salir previamente de cada una de ellas a los antiguos propietarios. Los prados no tienen tantas ventas como las tierras y las viñas. Dos veces se habla de faceras o aceras, que son roturaciones de terrenos para ser dedicadas a huerto. Estos son mencionados un par de veces.

Puede advertirse en esos datos precedentes que el clero de Salamanca, y concretamente los prebendados de la catedral, compran fincas en Santa Marta, y los eclesiásticos en general están muy presentes en las operaciones de compra-venta de propiedades. Dentro del estamento eclesiástico hay tres compradores: el obispo don Domingo, el arcipreste don Pedro Lucio, y el deán don Domingo Martín. El obispo de Salamanca don Domingo solamente desempeñó su prelatura en la diócesis de Salamanca y dejó aquí una infinidad de bienes. Parece lógico suponer que todos los componentes de su patrimonio no podría conseguirlos durante su mandato episcopal, de suerte que es una hipótesis aceptable que, al comenzar el desempeño de la sede episcopal, el obispo ya poseería una hacienda considerable.

Desde la Baja Edad Media hay que tener bien conocido el significado de la palabra serna, que, según el Breve Diccionario Etimológico de la Lengua Española de Corominas, es campo de tierra de sembradura y, más especialmente, el que se reservaba al señor y tenía que ser cultivado por sus vasallos[25]. Pero hay otros diccionarios

---

[23]   *Documentos del Archivo Catedralicio de Salamanca, siglos XII y XIII*. Documento n.º 263, año 1256.
[24]   Datos tomados de *Documentos del Archivo Catedralicio de Salamanca, siglos XII y XIII*.
[25]   Véase el *Diccionario Etimológico de la Lengua Castellana por Corominas* y el *Diccionario Crítico Etimológico* por J. A. Pascual.

que se explayan mucho más en este significado. En todo caso aquí parece claro que ese campo de considerable extensión de un noble o fuera del rey pasó a ser del obispo salmantino. En los libros de actas del cabildo dicen al hablar de la serna que es un término «apartado» de Santa Marta. Lo que puede significar no solo distante, sino reservado. Más conocida resulta en la provincia la palabra senara, que algún diccionario señala de origen leonés e incluso de lengua prerromana, pero que entre labradores se entiende que es una gran extensión de mies que se va a segar.

TABLA 2. Clases de fincas, testigos, dueños limítrofes

Clase de finca rústica	Mención de los límites	Dueños limítrofes	Testes Relg. civ.	Aclaraciones.- Año de venta
Tierra			6.- 11	Venta en 1201
Tierra, que			4.- 19	Venta en 1201
limita al E.	tierra de	Don Rolán		
«al O.	tierra de	Sacris S. C		
«al S.	tierra de	Juan Mozára		
«al N.	tierra de	Velasco Ru		
Dos viñas			3.- 6	Venta en 1212
que limitan	con	Don Rolán		por una parte
	con	Juan Pequeño		por otra parte
Tierra,			2.- 18	Venta en 1213
E.	con tierra de	Don Rolán		
O.	con tierra de	Marina		
S.	con tierra de	Juan Salvador		
Majuelo, que			2.- 25	Venta en 1214
limita al E.	con tierra de	Don Rolán		
«	con tierra de	Juan Negro		
	con viña de	María Pérez		
Majuelo, que			5.- 16	Venta en 1214
limita	con viña de	Pedro Lucio		
	con tierra de	Don Rolán		

Clase de finca rústica	Mención de los límites	Dueños limítrofes	Testes Relg. civ.	Aclaraciones.- Año de venta
	con tierra de	Amadonna		
Tierra, limita			2.- 6	Venta en 1245
		Domingo Martí		
		Muchacho		
		Las Dueñas		
Tierra, limita			4.- 5	Venta en 1247
	con tierra de	Sta Mª.de la Vega		
	con tierra de	Hermano de deán		
	con tierra de	Marina		
Una heredad			14.- 8	Venta en 1252
Tierra, que			9.- 6	
limita	con viña de	La Canóniga		
	con tierra de	Juan Sobrino		Mª. Juanes
	-	Domingo		S. y Tomás F.
Viñas, Tierras		No se dicen	20.- 6	Venta en 1256
Huertos, prado				Hay testigos de
				toma posesión
Tierras, viñas		No se dicen	5.- 5	Venta en 1261
casares, prados			5.- 5	En toma posesión
y faceras				hay 22 testigos
Dos yugadas				No es venta,
con casas				es donación
huerto viñas				del obispo en
y facera				Testamento, 1267

Fuente: Realización propia.

4.4. Noticias generales sobre fincas en Santa Marta en los siglos xiv y xv

El siglo xiv fue en la península una época de crisis económica y demográfica, esta última debida fundamentalmente a la peste negra. Además, hubo luchas civiles y rivalidades por el poder del reino de Castilla, pues unos poderosos apoyaban a una parte y otros a la contraria, ya que todos iban en busca de su propio beneficio.

Respecto de infinidad de poblaciones pequeñas de la provincia de Salamanca, no se conoce nada, o muy poco. Lo mismo sucede de muchos cotos redondos, a no ser de aquellos lugares en que tenía propiedad el obispo, el cabildo o algún poderoso, y por lo general se sabe más del coto o de la aldea si hubo algún proceso judicial. En esos casos se consignó de algún modo la pertenencia de la propiedad en escrituras, ejecutorias y otros documentos como apeos, privilegios reales, etc.

La disolución de la Orden Militar de los Templarios fue un hecho notorio y muy significativo, que sucedió en 1312, y que especialmente en Salamanca tuvo alguna repercusión económica en la ciudad y provincia, pues quedaron más territorios para el estamento eclesiástico y, además, dio lugar a que en la urbe hubiera una serie de concilios provinciales. Aunque todo esto tuvo poca o ninguna relación directa con Santa Marta, sí pudo tenerla indirectamente, por ejemplo, en los precios de los predios y en sus rentas, así como también en los precios de varios productos como el trigo y demás granos.

También algún hecho trascendente pudo suceder debido a la epidemia o peste negra que se produjo en 1348. Sus repercusiones no solo fueron demográficas, sino también económicas, y modificaron los precios y dieron ocasión a que algunos poderosos se hicieran con más tierras.

En el siglo xv el panorama de ir ganando posición económica y social por parte de determinados sujetos continuó en especial durante los dos primeros tercios del siglo, cuando en Salamanca luchaban por el poder municipal tanto el bando de los Manzanos con el de los Monroy. En el siglo xv el cabildo y los capellanes de coro de la catedral de Salamanca recibieron tierras, principalmente por fundaciones pías y, sobre todo, por donaciones realizadas en los correspondientes testamentos, en los que se recogían las cargas de misas y responsos, y por compras. Estas compras son registradas en libros de la catedral y muchas de esas propiedades van sin salir de su condición inicial de compra o donación hasta mediados del siglo xix.

El Archivo de la Catedral de Salamanca conserva un libro manuscrito[26] fechado en 1405 que relaciona todas las propiedades del cabildo catedralicio de Salamanca

---

[26] Libro de apeos de las posesiones del cabildo de la catedral de Salamanca. La fecha dada es la de 1405, pero parece ser que se escribieron datos posteriores a esa fecha, como serían las propiedades de la monjas dominicas. El libro *El patrimonio del cabildo catedralicio*, de José Luis Martín Martín, que ya se ha citado en páginas anteriores, ayuda a conocer quiénes poseían determinadas fincas.

en Santa Marta, en la Serna y en Carpihuelo. Este manuscrito está publicado de modo digital, y del él se obtiene un interesante resumen de propiedades, dueños, linderos y parajes de las fincas rústicas y la procedencia de algunas de esas propiedades, aunque no de todas. Pero será sobre todo en la relación de arrendamientos y apeos realizados en el siglo XVII donde las procedencias de determinadas heredades se advierten más claramente.

En la relación de fincas del siglo XV se especifica que el conjunto de las propiedades que el cabildo tiene en Santa Marta «anda por dos yugadas con más una tierra que era huerta y otra tierra que llaman la Rubia». Un resumen de esas propiedades, especificada su extensión superficial en fanegas de sembradura, medida agraria popular en la que una fanega equivalía a una huebra, da la siguiente información:

Tierras para trigo 224 fanegas, que se distribuyen en 32 parcelas.

Tierras para centeno 49 fanegas, que se distribuyen en 15 parcelas.

Tierras para cebada 3,50 fanegas, que se distribuyen en 2 parcelas.

Tierras que no especifican son 2 fanegas, que se distribuyen en 2 parcelas.

Estas dos yugadas del cabildo son grandes, pues, hecha la media de las dos, da unas 150 fanegas de sembradura por yugada, con lo que casi cada una de ellas podría equivaler a tres yugadas de las consideradas normales para un labrador mediano. Era, además, ventajoso para el cabildo que una sola parcela de todas ellas hiciera nada menos que 108 fanegas de sembradura; y otras once parcelas tenían una cabida de 8 fanegas de superficie superior de sembradura. Es decir, la propiedad del cabildo relacionada en 51 parcelas resulta bastante concentrada.

4.5. Propietarios en Santa Marta relacionados como linderos de fincas en el libro de apeos de 1405

Como se verá en el resumen que se presenta, en el libro de apeos del cabildo se relacionan 24 propietarios, de los cuales no se sabe qué cantidad de terrazgo tenían ni para qué estaban destinadas las fincas que poseían. Solamente, y de una manera aproximativa, se puede intuir el número de parcelas que poseían cada uno de esos titulares, por cuanto a veces la delimitación se expresa diciendo que linda por ambas partes un único dueño[27].

---

[27] Con lo cual se puede dudar de si era una sola la finca la que rodeaba a la deslindada o eran más de una parcela.

Los dueños linderos son los siguientes mencionados, y cada cruz que les sigue significa que su propiedad es una finca lindera, y lo es tantas veces como cruces lleva. Vemos linderos que son repetidos nueve o más veces, y otros que solo salen una o dos veces:

1. *Alvar Pérez +
2. Hijos de Pero Cornejo +++++++++
3. Domingo García ++++++++++++++
4. Iglesia de San Polo ++++
5. Pero Cornejo +++
6. Iglesia de Santa Marta ++++++
7. Santa María de la Vega ++
8. Dueñas de San Esteban ++++++++++++
9. Pero Díez del Pozo Amarillo ++++
10. Luis Fernández Guedeja +
11. Benito Fernández de Zafinos +
12. Hijos de Anojo
13. Domingo Fernández Anojo +
14. Juan Alfonso de la Calle
15. Elvira Martínez (vive en SA)
16. Juan Domínguez
17. Velasco Fernández *
18. Alfonso Rodríguez +
19. Antón Ferndez de Santa Marta
20. Juan Sánchez de Sevilla ++
21. Iglesia de Santiago?
22. Juan Rodríguez +
23. Juan Fernández de Zafinos
24. Toribio Martín

Es evidente que la mayoría de los propietarios son vecinos de Salamanca. Solamente dos de ellos se expresa que son de Santa Marta, y podría admitirse que dos o tres más también tuvieran vecindad en el pueblo, pero todos estos vecinos son pocos en relación con los propietarios foráneos. De los propietarios mencionados como vecinos de Salamanca alguno pudiera ser comerciante, como se dice de Domingo García. De otro dueño, como Juan Sánchez de Sevilla, dejó explicado José Luis Martín Martín que era un cobrador de tributos reales y que se convirtió al cristianismo. Figura también como propietaria «la iglesia de Santa Marta», pero aquí quizá lo dijeran de una manera muy genérica y sin matizar, pues, cuando pasan los años, lo que se descubre es que el verdadero propietario más que la fábrica es el beneficio, pues pudo suceder algo semejante, como pasó también con la atribución de propiedades a la iglesia de San Polo de Salamanca, que, al paso del tiempo, se especifica que el dueño importante es el beneficio de San Polo.

Finalmente, genera una duda importante ver que, al decir los límites, de diversas tierras se especifica que algunas de ellas tienen por linderas otras tierras que pertenecen a las Dueñas de San Esteban. Lo primero que se piensa es que esas monjas fueran las dominicas de Salamanca, pero resulta que su convento se fundó unos años después de la fecha de este libro de apeos. La cuestión quizá se aclare si se admite que pudo haber una equivocación en la atribución de la propiedad. El error pudo nacer de confundir unas monjas con otras. Se advierte que las monjas benitas, llamadas las Carvajales, tenían como suya, o dejada para su servicio, una iglesia dedicada a San Esteban, que era distinta de la actual de San Esteban de los dominicos. Un documento del Archivo Catedralicio de Salamanca, del año 1257, que contiene la donación que Pedro, obispo de Salamanca, da al cabildo catedralicio unas casas, dice textualmente: «Quas possessiones el domos cum ecclesia Sancti Stefhani predicti dedimus monialibus Sancte Marthe»[28].

Esa iglesia del protomártir San Esteban estaba situada en las proximidades del Tormes[29]. De ahí que quizá las llamaran «las monjas de San Esteban», es decir, de las que utilizaban aquella iglesia primitiva. Ese edificio que estaba fuera de la muralla de Salamanca fue derribado por la riada del Tormes en 1256, según recogieron algunos historiadores y otros lo han repetido, pero ¿acaso el destrozo del templo no sería solamente parcial?, porque la donación del obispo Pedro, citada unas líneas más arriba, recuerda que esta iglesia de San Esteban se la había dcjado a las monjas en 1257, un año después de la riada, y, si la iglesia hubiera estado derribada y en el suelo, no la recordaría o lo habría especificado. Y, además, el testamento del obispo de Salamanca don Domingo, hecho en 1267, abre el interrogante de que las monjas de Santa Marta tendrían un capellán[30]. Si había capellán, lógicamente habría iglesia.

Las benitas se instalaron dentro de la ciudad[31], pero siguieron poseyendo las tierras de Santa Marta, y en los siguientes siglos se ve que el conjunto de sus propiedades era una hacienda considerable.

Otra duda que no se resuelve fácilmente es la ausencia importante de la propiedad del prelado de Salamanca, pues en el siglo XIV tenía propiedades. ¿Qué pasó para que no se señalen en el siglo XV? Quizá fuesen traspasadas al cabildo catedralicio. O quizá no quisieron hacer inventario ni mención de ellas porque los canónigos estaban bien seguros de que en esas fincas nadie se entrometería por ser de un dueño tan importante.

---

[28]   Documento número 266. pp, 357 y 358 del libro *Documentos de los Archivos Catedralicio y Diocesano de Salamanca, (siglos XII y XIII)*. Martín Martín, J. L. y otros. Universidad de Salamanca, 1977.

[29]   Así lo exponen varios historiadores de la ciudad de Salamanca.

[30]   La redacción del testamento especifica claramente que manda a las monjas carbajales unas heredades que el obispo tenía en Santa Marta. Pero luego en lo que parece otra manda las casas de la tenería para un capellán. Y sigue diciendo: «Este capellán dejó a los canónigos en peligro de sus ánimas si no pusieren ahí siempre un buen capellán».

[31]   Según Bernardo Dorado, se trasladaron a unas casas de Salamanca en 1422.

4.6. Topónimos mencionados a comienzos del siglo XV

Casasola	Eras Viejas	Vago del Espino
El Arroyo	Eras de fondo	Valdepoza
El Barrero	Eras de Cima	Valle Manzanares
El Carril	Eras de Alfonso R.	
El Hoyo	La Huerta	
El Juncal	La Reguera	
El Pico	La Rade	
El Tomillar	Las Cabañas	
El Toral	Los Encinares	
El Figal	Vago de la Serna	

No es preciso en esta historia hacer explicación de todos y cada uno de los topónimos, pues en algunos casos la palabra lo dice claramente, v. gr.: tomillar, encinares, eras, huerta, etc. El valle de Manzanares posiblemente alude a la existencia de manzanos; el vago puede corresponder a la existencia de viñas, y en ellas, las «cabañas», que se hacían en los cabeceros de las viñas para un doble servicio[32].

4.7. Arrendamientos y situaciones de las fincas en el siglo XV

Las actas del cabildo catedralicio de Salamanca[33] ofrecen datos concretos y complementarios respecto de los vistos en el libro de apeos. Son datos relativos a los arrendamientos, que responden a cuestiones tratadas en las reuniones de los canónigos y los racioneros, que solían hacerse periódicamente, de modo que, cuando la renta de una finca se realizaba con normalidad, no es tratada en la reunión, y, en cambio, salen mencionadas en las actas, aquellas fincas de las que se aprecia alguna novedad o problema. La novedad podía ser un cambio de rentero. Los problemas podían ser la necesidad de pasar a la ejecución efectiva de algún impago o el desahucio, pero estos problemas no salen. Los datos documentados respecto de las fincas que el cabildo posee en Santa Marta son los siete siguientes:

---

[32] Para recoger aperos de labranza y también para que, teniendo allí, amontonada hierba y maleza, se le prendía fuego, con lo cual se acaba con los insectos y roedores. Así se deja dicho de las viñas de la tierra de Alba de Tormes. El cabecero de una viña solía ser un trozo de terreno en su entrada, dejado con mata, sin labrar. Venía bien para dejar allí las caballerías o los bueyes cuando no estaban trabajando, pero que habían sido llevados a la viña para utilizarlos en alguna faena o servicio de portes de leñas, de uvas o de otros productos.

[33] *Los Libros de Actas Capitulares*. Edición Cabildo de Salamanca. Salamanca.

1. Año 1403: «Renta de Alvar Pérez, el Mozo, hijo del doctor Pedro de Paz, de la tierra que llaman de la Rubia, en término de Santa Marta, por dos fanegas de trigo»[34].

2. Año 1414: «Renta del racionero Martín Fernández de Paredes de una yugada de heredad que el cabildo tiene en Santa Marta, según la tenía el racionero Marcos Fernández, por 130 maravedís de la moneda vieja o de reales de plata y un par de gallinas. Otorgó por fiador de la renta a Pedro Rodríguez, sillero de Salamanca»[35].

3. Año 1417: «El canónigo Velasco Pérez tiene cuatro tierras en Santa Marta»[36].

4. Año 1420: «Rentas del racionero López Fernández de la Vega de la heredad de la Serna, en término de Santa Marta, que vacó por Alfonso Godínez»[37].

5. Año 1421. «Remate de una yugada de heredad que vacó por Alfonso Rodríguez, vecino de Salamanca, en la calle del Concejo de Arriba, y ahora echaban en el cabildo, porque el racionero Martín Fernández de Paredes no entregaba fianza. Se remató en el racionero Juan García Magdaleno por 226 maravedís viejos y dos pares de gallinas»[38].

6. Diego de Paz es fiador de Gonzalo Méndez por la renta y reparos de la heredad que tiene el cabildo en Santa Marta.

7. Las aceñas de la Serna son de Juan Aparicio[39].

De esta documentación se deduce que el cabildo administraba sus propiedades en Santa Marta mediante arrendamientos, pero exigiendo un fiador como garantía por si el rentero no pagaba. El cabildo también procuraba que el arrendamiento tuviera continuidad, de ahí que en ocasiones el contrato se hiciese «de por vida» del rentero, a cuyo término continuaban los hijos, si el padre había sido buen pagador. Precisamente un par de veces no salía a su debido tiempo fiador, y el cabildo busca un nuevo rentero. En general el fiador se nombra a la vez que se consigna la renta. Un fiador mencionado es Diego de Paz, otro Pedro de Paz, un tercero Pedro Rodríguez, sillero de Salamanca, y otro un racionero de la catedral. A un canónigo y a otro racionero no se le pide fianza. Lo mismo se hace con Juan Aparicio. De modo que parece advertirse una confianza en relación con el pago de la renta respecto algunas familias[40] y respecto de los compañeros ración.

---

[34]   *Los Libros de Actas Capitulares*. Cabildo Ordinario, pág. 189, punto 286, 5 de septiembre.

[35]   *Los Libros de Actas Capitulares*. Cabildo Ordinario, 26 de Septiembre, punto 414.

[36]   *Los Libros de Actas Capitulares*. Cabildo Ordinario, punto 582.

[37]   *Los Libros de Actas Capitulares*. Cabildo Ordinario, punto 582.

[38]   *Los Libros de Actas Capitulares*. Cabildo Ordinario, punto 825.

[39]   *Los Libros de Actas Capitulares*. Cabildo Ordinario.

[40]   Como podían ser los de apellido Paz y los de apellido Godínez. Estos últimos tenían como patronato suyo una iglesia dedicada a San Esteban.

En todos los arrendamientos se consigna que, además de la renta, el pagador de esta ha de hacer en la finca los reparos necesarios, es decir, que se ha de labrar la tierra, arar el barbecho, etc., y, si se trata de una viña, se le han de hacer las labores necesarias de poda, cava, limpieza, desagües necesarios, etc. La renta de la yugada grande se renueva al cabo de 7 años, de 1414 a 1421, y pasa de los 130 maravedís a 226, que es una subida exagerada.

Es llamativo que, al pasar el tiempo, no se vuelva a hablar de las aceñas del cabildo. Habrá que pensar que siguen en buen estado y funcionando sin problemas, o que, deterioradas por las avenidas del Tormes y otra causas, las aceñas mencionadas no se reconstruyeron, lo cual resulta chocante. En el Catastro de Ensenada no se menciona nada más que una aceña que pertenece a dos nobles.

V. SANTA MARTA EN LOS SIGLOS XVI Y XVII

5.1. Averiguación de la Corona de Castilla y datos puntuales

En 1534 se responde a la *Averiguación que mandó hacer Carlo I de España*. En esa contestación, en vez de especificar el vecindario pueblo por pueblo, no se hace así en varios casos. Sobre Santa Marta se responde que jurisdiccionalmente pertenece al Cuarto de Peña de Rey, uno de los cuatro sexmos de Salamanca. Este lugar se encuentra, relacionado juntamente a otros, doce en total, entre todos los cuales habrá de 50 a 99 pecheros[41]. Así pues, es poco lo que se viene a decir.

Sobre el levantamiento de las comunidades, al principio del reinado de Carlos I de España, de Salamanca se habla bastante en la historia de Salamanca, pero de los pueblos salmantinos no se dice apenas nada, excepto de algunos en los cuales tenían propiedades los dirigentes de la sublevación comunera. Sin embargo, unos pueblos tuvieron más protagonismo que otros. Así se ve en pueblos que estaban situados en el camino o proximidades del camino que desde Salamanca conducía hasta Medina del Campo. Esto se deduce al ver que varios pueblos reclamaron hacia 1527 la devolución de las cantidades tomadas o gastadas en los tiempos de las comunidades. Es decir, que las mesnadas comuneras necesitaban dinero, alimentos y pertrechos, y, al paso por las aldeas, los concejos les fueron adelantando algo de eso. Luego llegó la derrota de Villalar, y ese adelanto monetario o de especie no se satisfizo adecuadamente, al menos a todos los pueblos. No se sabe nada respecto de Santa Marta, pero hay que suponer que esa revolución significó un pequeño contratiempo económico para sus habitantes. De otros acontecimientos pudiera haber datos puntuales, pero de difícil alumbramiento[42].

---

[41] Los doce eran Aldea de Ayuso y Carpio Bernardo, Arapiles, Calvarrasa de Arriba con Otero, Carbajosa, Las Casas de Rando, Hondura y el Corral, Íñigo y Moraleja de Huebra, Mozárbez y Orejudos, Santa Marta de Tormes y Carpihuelo, la Sierpe, Herguijuela del Campo y Tornadizo. *Averiguación de la Corona de Castilla 1525-1540. Los pecheros y el dinero del reino en la época de Carlos V* por V, Juan Manuel Carretero Zamora, Junta de Castilla y León, página 190. Calvarrasa de Abajo con sus anejos Castañeda, Francos, Machacón y Tenia.

[42] Un documento inexistente, supuesto o fantaseado sobre el Nuevo Mundo. Alguien a fines del siglo xix o comienzos del xx dijo que en Santa Marta había un documento que tenía algo que ver con Cristóbal Colón o con su familia. La noticia, al parecer, fue desmentida. Sin embargo en algún protocolo de Alba de Tormes del siglo xvi se hacía mención a personas, propiedades o asuntos que efectivamente daban referencia de la familia de Cristóbal Colón, pero no exactamente con Santa Marta ni con Salamanca.

En 1545 la Iglesia católica puso en práctica un jubileo especial e hizo una colecta por las parroquias. De las limosnas obtenidas se puede deducir con un poco de aproximación el tamaño de cada una de ellas, pues lógicamente las iglesias de las pequeñas aldeas entregaron cantidades muy reducidas, las que contabilizadas en maravedís fueron estas: Santa Marta 258; Carbajosa 243; Calvarrasa de Abajo 1338, Calvarrasa de Arriba 300 y medio; Francos 29, Centerrubio 69. Estos ejemplos confirman *grosso modo* los pueblos que son grandes, medianos y pequeños.

También se conoce la noticia de una obra en la iglesia parroquial, pues tenían en la cárcel a un cantero por incumplimiento de contrato.

A finales del siglo xvi es muy notoria la crisis demográfica en España interior que se viene achacando a la emigración a Indias y a la epidemia de peste bubónica. Se expone con más detalle en el siguiente epígrafe.

5.2. Anotaciones sobre la propiedad eclesiástica

El *Libro Becerro* de la catedral de Salamanca tiene algún apunte sobre la propiedad. Es interesante el relativo a la lámpara del Santísimo Sacramento, no por la cantidad, sino por aportar un dato que podía pasar sin conocerse:

> La lumbre tiene 9 fanegas de renta de trigo, puesto en Salamanca, de una propiedad que hace 4 fanegas de sembradura. Se otorgó escritura para el Cabildo por ante Andrés de Toro el año de 1529. Paga la renta Pedro Blas, vecino de Santa Marta. Y dando un salto de años señala: Antonio Gutiérrez la tiene arrendada por el tiempo de su vida por 10 fanegas. Se otorgó la escritura[43] el 4 de marzo de 1580.

Al pasar los años, la noticia de esta heredad presenta como titular «la fábrica». Pero en este apunte del *Libro Becerro* también se precisa la renta de 1621, que se arrendó por seis años por el precio de 5 fanegas, y se hizo escritura ante el escribano Diego de Robles. Es un ejemplo más, entre otros varios, de la caída de las rentas. Otra anotación de fines del siglo xvi es sobre los diezmos. La recogeré en el capítulo dedicado a la iglesia parroquial.

5.3. La crisis económica y demográfica del siglo xvii tuvo que sentirse en Santa Marta

La peste de fines del siglo xvi (1596-1602) y también hubo una epidemia grave de bubas, redujeron la población pero también la mortalidad se extendió en España por otras causas (hambre y tifus procedentes de Asturias y Galicia). La mortalidad

---

[43]   *Libro Becerro de la catedral de Salamanca*, n.º 54.

fue muy crecida especialmente en la zona NO de la provincia de Salamanca, en la que muchos pueblos perdieron un número muy considerable de vecinos, en tanto que pequeños lugares quedaron despoblados. Por eso, cuando en el primer cuarto del siglo XVII el visitador del obispado recorre las parroquias de la diócesis y se escribe el *Libro de los lugares y aldeas del obispado*[44] (1604-1629), se refleja en ese documento una notoria escasez de vecinos[45]. Estos son los datos y las noticias que aporta para Santa Marta:

> Este lugar es anejo de Carbajosa. Tiene 30 vecinos. La iglesia es Santa Marta (está bajo la advocación del nombre del pueblo). Tiene buen maderamiento, buen retablo y capilla y sacristía, y buenos ornamentos y buenos pendones, ricos dos. Tiene necesidad de reparar la pared de la iglesia que mira al río, y que se hagan más crismeras. El préstamo es a proveer el mes que vacare, no se sabe cuyo era. Llámase Celedón Jiménez. Vale la fábrica ordinariamente 12.000 maravedís, gastará en gastos ordinarios hasta 8.000. Aquí pone cura el de Carbajosa, que se llama el licenciado Medrano[46].

Del mencionado libro, entresacados los vecinos que tienen los pueblos cercanos a Santa Marta, resultan los siguientes datos:

TABLA 3. Vecinos, contados un año dentro de 1604 a 1629

Pueblo	Vecinos
Santa Marta y Carpihuelo	30
Tejares	30
Las Torres	30
Aldeatejada	36
Pelabravo	40
Carbajosa de la Sagrada	54
Calvarrasa de Arriba	60
Calvarrasa de Abajo	216

Fuente: Realización propia.

---

[44] *Libro de los lugares y aldeas del obispado de Salamanca* (Manuscrito de 1604-1629) Casasesca, A. y Nieto González, J. R. Ediciones Universidad de Salamanca. Salamanca, 1982. Página 47.

[45] El mencionado libro al reseñar algunos pueblos precisa ocasionalmente datos económicos como si tienen pósitos, el reparto de las tercias, las rentas de capellanías, la existencia de capellanías, vínculos, etc. De Santa Marta no señala nada de esto.

[46] *Libro de los lugares y aldeas del obispado de Salamanca.*

El comentario sobre los datos de estos ocho pueblos de la tabla precedente es el que sigue: se muestra que Santa Marta es un pueblo pequeño y que los tres núcleos circunvecinos y más próximos, Carbajosa, Calvarrasa de Arriba y Calvarrasa de Abajo, son bastante mayores que Santa Marta. En su alrededor hay una serie de núcleos muy pequeños de los cuales se dice: Narros tiene 3 vecinos y figura como anejo de Pelabravo; de Gargabete solo se especifica que tiene una ermita; de Pelagarcía, que está despoblado, y de la Pinilla, que tiene un vecino y una ermita. Carbajosa tiene también ermita. Por otra parte, aparece Carpihuelo unido a Santa Marta como si fuera su anejo (o efectivamente lo era).

Existe entre los documentos del Archivo Histórico de Simancas otro censo de fecha 1684. Ha sido publicado en *Salamanca Revista de Estudios* n.º 44, año 2000, por Rodríguez Arzúa, J. Este mismo autor explica que, para algunos historiadores, no es plenamente fiable, pero que sí lo es para otros investigadores. Si comparamos los datos de 1684 con los que ofrece el *Libro de los lugares y aldeas del obispado de Salamanca*, aparece que ha habido una pérdida de población grande y exagerada, según se comprueba en la tabla 4 que sigue.

TABLA 4. Vecindario en el año 1684

Pueblo y vecinos	1614	1684	Diferencia
Santa Marta y Carpihuelo	30	17	-13
Tejares	30	11	-19
Las Torres	30	18	-12
Aldeatejada	36	25	-11
Pelabravo	40	23	-17
Carbajosa de la Sagrada	54	24	-30
Calvarrasa de Arriba	60	37	-23
Calvarrasa de Abajo	216	64	-152
Total	496	219	-277 = 55,8 %

Fuente: Realización propia.

Es obvio que todos los pueblos del entorno de Santa Marta disminuyeron en población y en un porcentaje alto, pero ninguno tanto como Calvarrasa de Abajo. Santa Marta cayó un 4,3 %, algo por debajo del conjunto de los ocho pueblos seleccionados, que habrían perdido un 55,8 %, que es un descenso brutal. Si tal pérdida demográfica en cifras quizá no se pueda dar por válida, la caída sin tener en cuenta el porcentaje es evidentemente cierta. Habrá que tener en cuenta estas cifras para compararlas con las que se dan en 1752 en el Catastro del Marqués de la Ensenada.

5.4. Repercusiones de la riada de San Policarpo en 1626

La historia de Salamanca señala como un año muy aciago el 1626. Igualmente se hace en Alba de Tormes. Por tanto, dado que Santa Marta queda situada en medio de ambas poblaciones y a la orilla del citado río, es muy probable que sufriera los efectos de la riada y los posteriores a esta. Diversos estudiosos han señalado que a los daños ocasionados ese año (llamado de la Enanita) por la riada (ganados muertos, casas destruidas, pérdidas de cosechas, dificultades para hacer una nueva sementera), y por otras causas a un alza desmesurada del precio del pan, le siguieron otros años de escasez[47]. La climatología adversa no se dio solamente en la provincia de Salamanca, pues bien señalada ha quedado la crisis sufrida en Palencia de 1628 a 1632.

5.5. Repercusiones de hechos de escala nacional: Alteración del valor de la moneda, guerra con Cataluña y guerra de separación de Portugal

Para combatir la separación de Cataluña, se exigió que los pueblos contribuyeran con uno o varios soldados, y que cada concejo aportase dinero para sufragar tantos gastos. Y a eso se unió una orden semejante para la larga guerra de la separación de Portugal, y en la provincia de Salamanca hubo unos acontecimientos vividos más de cerca que la guerra de Cataluña. En este segundo caso, fueron los pueblos del oeste provincial salmantino los que más sufrieron tanto las pérdidas de cosechas y ganados como las muertes de hombres, porque aquellos pueblos cercanos a la frontera portuguesa fueron invadidos por las tropas lusas. Pero los pueblos como Santa Marta, que quedaban en retaguardia, también tuvieron impuestos especiales para sufragar la compra de armamento (mosquetes) y pólvora (como granos y paja para los caballos) y pagar tributos para la construcción de puentes.

De los años 1640 a 1660 aproximadamente en España había mucha inflación. Para paliar los perjudiciales efectos económicos, el Estado mandó sucesivamente recoger una clase de moneda (las blancas), se ordenó sellar algunas clases de moneda para que se aceptase, y luego se procedió a resellarla y se produjo escasez monetaria circulante. Cuando la moneda escaseaba, se puso en circulación mucha cantidad

---

[47] Recientemente ha sido publicado un estudio sobre esta riada por Ángel Vaca.

de moneda de cobre y se rebajó la cantidad de plata en otras monedas. Por todo ello, la situación monetaria y económica repercutía en el coste de la vida, especial y negativamente en las clases sencillas y humildes. No fueron pocos los ayuntamientos que señalaron en reuniones y actas de ayuntamiento las pérdidas que tuvieron. De Santa Marta no tenemos noticias de todo ello, basta decir que no pudo escaparse de la tónica general.

Por si todo eso era poco, a ello se sumaron los donativos que pedía el rey, que se llamaban donativos, pero que, de hecho, eran exigencias de dinero para hacer frente a las necesidades estatales. Hubo épocas de malas cosechas que se reprodujeron de cuando en cuando y una época de grandes lluvias que dejó muchas propiedades sin cultivar, por lo cual las gentes hablaban de la esterilidad de los tiempos e incuria de muchos sujetos, y como resultado de ello en las ciudades se veían vagabundos y eran muchos los que se acercaban a los conventos a recibir una ración de sopa. Este panorama no debió de ser igual en los pueblos pequeños en los que el hambre se podía remediar mejor. Pero la presión de la crisis económica también pudo ser grande. Por otra parte, se dio un aumento del clero, con lo que, a la hora del reparto de ingresos de productos y beneficios, las partes de beneficios disminuían. No es extraño, pues, que vínculos, patronatos y capellanías tuvieran gran solicitud. En este sentido, cabe señalar un dato más de los puntuales: es del año 1652, cuando hubo un proceso civil del clérigo y licenciado Andrés de Torres, cura de Santa Marta y capellán de la capellanía que fundó María de Vergas, contra Pedro Sánchez, vecino de Castellanos de Moriscos, por el pago de una deuda[48].

5.6. Estructura de la propiedad rústica en el siglo XVII

No hay documentos generales por los que se obtenga fácilmente una información completa sobre la estructura de la propiedad en Santa Marta en esta centuria, pero sí se pueden descubrir las líneas generales. Ayudan a ello los arrendamientos de fincas e inventarios que contienen protocolos notariales y lo que consta en el *Libro Becerro* de la Catedral, que contiene anotaciones de propiedades, rentas y diezmos.

Siguen siendo propietarios de tierras varios titulares del estado eclesiástico, que agrupamos en dos: uno formado por todos los relacionados con la catedral (cabildo, capellanes de coro, fábrica); otro las monjas carvajales; y el tercero corresponde a los dos mayorazgos de los Ordóñez. Resulta, pues, que hay tres grandes propietarios en Santa Marta. Por consiguiente, por una razón o por otra, quedaba fuera de la vía comercial de compra-venta una gran porción de fincas urbanas y rurales en Santa Marta. Y, además de esas propiedades, recibían las correspondientes rentas

---

[48]   *Libro Becerro de la catedral de Salamanca* n.º 53, y también en el n.º 60.

puestas en Salamanca. Vamos seguidamente con las informaciones relativas a estos tres grupos:

A) Mayorazgos de los Ordóñez, también llamados de los Godínez:

En 1677 se hace referencia a don Francisco Godínez de Paz y Tovar, señor de Tamames[49]. También consta que en 1679 el llamado mayorazgo de los Flores lo goza don Francisco Ordóñez y Gamboa, vecino de Málaga[50]. Y parece ser que por entonces un solo titular disfruta de dos mayorazgos: el de los Flores y el de los Godínez. Esta unión probablemente ya llevaba hecha hacía bastantes años antes de la fecha dada arriba. Y se descubre que, cuando va pasando el tiempo, el titular de esos mayorazgos lo es un solo dueño, y lo es de varias yugadas en Santa Marta, que es lo que aquí nos interesa[51]. En esa misma fecha mencionada aparece que el mayor propietario de Carpihuelo es don Diego Godínez Brochero, hijo de Rodrigo Godínez y doña Catalina de Solis[52]. Y, a la vez, existe otro señor con apellidos Godínez Cabeza de Vaca, que es el mayor propietario de Salvadorique[53]. Es decir, que los nobles se han ido haciendo con propiedades en diversos pueblos y cotos redondos[54], y una de esas casas nobles es la detentadora del mayorazgo llamado de los Ordóñez en Santa Marta.

B) El estamento eclesiástico:

– El cabildo. Dice sobre esto el *Libro Becerro* lo siguiente:

La heredad que el Cabildo tiene en el dicho lugar de Santa Marta anda por dos yugadas más una tierra, que era huerta, y otra que llaman la Rubia. De la renta de esta heredad se toma una parte para la ración, y la otra parte es para un aniversario, que se hace el 25 de febrero por don Pedro, obispo de Cámara, por quien salen [a cantar los capellanes] ante el coro. De esta heredad hay en los archivos 13 escrituras de donaciones y compras. La más antigua en de [hace] 400 años, y por ellas consta tener el Cabildo en este lugar más hacienda de la que goza en 1616.

---

[49] Fiscal en el Consejo Supremo de Castilla P. N. 4441 AHPSA. Años después, en 1686, es titular de varios mayorazgos don Francisco de Paula Godínez de Paz y Tobar, señor de Tamames y Altejos.

[50] P. N. 3783, folio 256 AHPSA.

[51] P. N. 4447, año 1683. AHPSA.

[52] P.N. 4427, AHPSA. Gobernador político y militar de Ciudad Rodrigo, P.N. 4442, 1678.

[53] Debía de haber tres ramas de Godínez: a) Godínez de Paz y Tobar; b) Godínez Brochero; c) Godínez Cabeza de Vaca.

[54] El cabildo salmantino poseía 8 yugadas en Carbajosa de la Sagrada y una en Calvarrasa de Abajo. El conde de Grajal disfrutaba de parte de la aceña de Santa Marta, Sancho Bueno y Gargabete de Arriba; Carpihuelo era de don Diego Godínez Brochero; y Francisco Godínez Cabeza de Vaca era el mayor propietario de Salvadorique y poseía hacienda en Calzada de Valdunciel.

A continuación, se exponen las rentas que se cobran de esta heredad: son dos los renteros, uno es Francisco de la Peña, vecino que Carpihuelo, que la tiene en arrendamiento por el tiempo de su vida, y tiene que hacer los reparos convenientes y pagar 28 fanegas de trigo y un par de gallina. Otro rentero es Domingo Martín, vecino de Santa Marta, que la tiene arrendada por cuatro años y ha de pagar 28 fanegas. Se hizo el arrendamiento en 1635.

- La ración (cabildo y otros racioneros y medios racioneros): La Serna.

> La heredad de la Serna, junto a Santa Marta es toda para la ración. De esta heredad se comenzó a hacer un apeo este año de 1618, que no está acabado.

Es una lástima que no quedase reflejado ese apeo, pero al menos se señalan los renteros: Pedro Gómez, vecino de Santa Marta, tiene arrendada esta heredad por el tiempo de su vida, por muerte de Domingo Hernández Nieto, en 70 fanegas de pan mediado de trigo y cebada; A Miguel Recio, vecino de Carbajosa, se la otorgó el cabildo en renta por 80 fanegas más 5 pollos de gallinas. Blas García, aceñero de la aceña del Vado por 8 años desde San Martín de noviembre de 1636 en 57 fanegas de trigo, con condición de que el cabildo aderezase el corriente del arroyo que baja de Carbajosa por el daño que causa en las tierras, y en tal caso ha de pagar 70 fanegas[55].

- La fábrica de la catedral. El citado *Libro Becerro* dice que tiene una tierra en el término del lugar de Santa Marta, que hace 4 huebras, y la renta es toda para la lumbre (lámpara) de la iglesia mayor (la catedral). Resulta que es la que, en el siglo XVI, ha quedado reseñada como propiedad de la «Lumbre» en el epígrafe 5.2. Ahora se añade Francisco de Endura, paga 4 fanegas de trigo; pero esta heredad se arrendó en 1638 en dos fanegas, cuya primera paga será en agosto de 1639. Véase que la renta ha bajado a la mitad[56]. No era la única renta que disminuía, y es que corrían malos tiempos desde la riada de 1626.

- Los capellanes de coro: Se especifica que el origen de la propiedad de una yugada data del año 1592. La donó Catalina de Vergas, mujer de Antonio Pérez de Ulloa, que donó una yugada de heredad que tenía suya propia en el lugar de Santa Marta. Juntamente a esas tierras la referida señora también mandó un censo sobre unas casas fuera de la puerta del Río. Esta donación a los capellanes de coro la hizo en su testamento, y lógicamente

---

[55] *Libro Becerro*, n.º 49, folio 171. Archivo de la Catedral de Salamanca.
[56] *Libro Becerro,* n.º 50, folio 185. Archivo de la Catedral. de Salamanca.

puso como condición que les dijeran varias misas cada año[57]. No está claro si esta yugada corresponde a una de las dos yugadas que arriba queda dicho que poseía el cabildo, Sin embargo, la duda nace de que en el citado libro en otro lugar también se especifica lo que siguiente: «Doña Catalina de Vergas dejó una yugada pequeña para los capellanes de coro, que llaman la yugadilla[58]». Es decir la donante es la misma, y el tiempo de las rentas también *corresponde,* pero el apunte es 93 folios más adelante, lo que puede significar que quien escribía las pertenencias de los diversos grupos de la catedral tuviera por algo natural recordar de nuevo la donación. En todo caso, las rentas de esta yugadilla son de poca cantidad[59].

— De los restantes propietarios del estamento eclesiástico (capellanías, vínculos, patronatos) se podrá decir alguna cosa en otros capítulos, pues ahora se trata más de exponer las grandes propiedades.

C) La monjas carvajales:

Como en este caso no se especifican las propiedades en el mencionado *Libro Becerro,* bastará ver su continuidad como titulares de una hacienda grande e importante, como se verá más adelante en el Catastro de Ensenada y en la desamortización de la propiedad.

En resumen, en estas dos centurias España interior experimentó demográfica y económicamente un ascenso durante los tres cuartos primeros del siglo XVI, y luego entró en caída a partir de fines del XVI hasta fines del siglo XVII. La crisis económica en el siglo XVII trajo consigo un notable descenso de la producción agrícola, la caída de las rentas, propiedades sin cultivar, una subida de la presión fiscal, muchas fundaciones pías y alguna peste, aunque en la provincia de Salamanca no fue importante la que azotó a Andalucía y, sobre todo, a la ciudad de Sevilla. Es muy probable que bajasen la natalidad y la nupcialidad, y subiese la mortalidad. La nobleza, alto clero y el patriciado urbano comercial resistió las dificultades en los siglos XVI y XVII, pero los campesinos tuvieron que soportar muchas cargas. En un pueblo pequeño como lo era Santa Marta, con la mayoría de sus vecinos colonos, hay que suponer que no tuvieron más opción que seguir la inercia de los tiempos y acomodarse a estos.

---

[57] *Libro Becerro*, n.º 50, folio 174. Archivo de la Catedral de Salamanca.
[58] *Libro Becerro*, folio 267. Archivo de la Catedral de Salamanca.
[59] Matías Mazo paga por esta heredad 6 fanegas de trigo y una de cebada. La arrendó por dos años. La segunda paga será en agosto de 1633. Arrendóse a Alonso Guedeja, vecino de Salamanca, por dos fanegas, a pagar para agosto de 1639. Juan Calvo, vecino de Santa Marta, arrendó dicha yugadilla, incluyendo los reparos mayores y menores y un pajar, por el precio de 8 fanegas de trigo macho, y la primera paga será para agosto de 1648.

VI. SANTA MARTA EN LA PRIMERA MITAD DEL SIGLO XVIII

6.1. Repercusiones de La guerra de Sucesión a la Corona de España (1701-1714)

El siglo XVIII se inicia con la llegada de la dinastía de la casa de Borbón, que, con Felipe V, se pone al frente del reino de España. Nuestro país va a recibir gran influencia de Francia a lo largo de esa centuria. La legislación española en general tendrá alguna repercusión en Santa Marta[60], como en cualquier otro pueblo de España. Sin embargo, el seguimiento de costumbres y de cuanto venía de Francia tendría muy poca repercusión o casi nada en este pueblo, exactamente como en infinidad de aldeas de la España rural, a diferencia de lo que ocurría en algunas ciudades.

La guerra de sucesión a la Corona de España, disputada entre los partidarios de Felipe V de Borbón (armas de las dos Coronas Francia y España) contra los que seguían al archiduque Carlos, el pretendiente al trono de España de la familia de los Habsburgo, los aliados, que reunían tropas de Inglaterra, Holanda, Portugal, y algunas españolas. La guerra comenzó[61] en 1701. Castilla en general, salvo excepciones de algunos nobles y villas, tomó partido por el francés Felipe V. Durante los tres primeros años la contienda se desarrolló en frentes muy lejanos de la provincia de Salamanca, de suerte que la guerra se notaba poco, a no ser por el llamamiento de mozos. Los pueblos tenían que aportar un soldado por cada cien vecinos[62]. Los ayuntamientos tenían que costear el equipo del soldado, es decir, vestido, zapatos y armamento.

La guerra se publicó en Salamanca en abril de 1704 y en Ciudad Rodrigo por el 3 o el 4 de mayo de ese año. Por eso, las cosas empezaron a cambiar desde el referido año de 1704. Entonces, para detener a los aliados que proyectaban entrar

---

[60]   Por ejemplo, ley de bagajes, ley del pósitos, tasa de granos, etc.

[61]   La guerra tuvo tres períodos: el 1.º de 1701 a 1704; el 2.ª de 1704 a 1709; y el 3.º de 1709 a 1713.

[62]   Para ese cómputo se ordenó que los pueblos de pocos habitantes se unieran varios hasta llegar a un centenar de vecinos, y sobre esa reunión recaía un sorteo. Es de suponer que Santa Marta se uniría con Carbajosa y con Calvarrasa de Arriba o con Calvarrasa de Abajo, incluyendo, además, los despoblados de la zona.

en la provincia de Salamanca por la frontera con Portugal, Salamanca se vio con la presencia de numerosas tropas francesas, llamadas del Rey Cristianísimo. Salamanca capital alojó a los principales jefes del ejército amigo y hasta los obsequió con una corrida de toros. Las tropas francesas acamparon en los alrededores de la capital, y es aquí en donde Santa Marta entra en juego. Así consta en las cuentas que se realizaron anotando los gastos del común de Salamanca, pues en ellos aparece el coste de enviar carros con cebada y pan cocido para las tropas que se encuentran en Santa Marta y lugares cercanos[63].

Pero las cosas no fueron como se presumía; pasado un tiempo, Ciudad Rodrigo fue sitiado por los aliados el 21 de mayo de 1706 y fue tomado el 25 de mayo de ese año, y estuvo en poder de los aliados hasta el 4 de octubre de 1707. También los aliados conquistaron Salamanca en septiembre de 1706, y estuvo 39 días sometida a ellos y tuvo que aceptar pagar un violento donativo, para que sus ciudadanos pudieran librarse de saqueos, incendios y degüello. Es decir, Salamanca aceptó pagar una alta cantidad para conservar vidas y haciendas, y, además, tuvo que aceptar que los aliados se llevasen como rehenes varios ciudadanos en prenda del compromiso contraído. Salamanca, mientras estuvo ocupada bajo los aliados, lo pasó muy mal. El ataque enemigo a Salamanca causó considerables destrozos y su rendición a los aliados trajo consigo la exigencia de entregarles una cantidad de dinero muy elevada, tanto que llegar a juntar esa cantidad produjo a los salmantinos innumerables preocupaciones. Alba de Tormes, que a los aliados les caía de camino en su avance hacia Madrid, también fue conquistada y estuvo ocupada 20 días por las tropas aliadas.

Por eso los pueblos cercanos a la capital tuvieron que sufrir más de lo que se advierte en las historias generales. Poco se anotó directamente sobre Santa Marta, pero por deducción se puede intuir cómo les iría a aquellos vecinos. Los aliados en una ocasión acamparon en la Aldehuela, Villamayor, Cabrerizos y Aldealengua, que sufrieron notoriamente los efectos de la guerra. En Los Villares saquearon el pósito; Monterrubio experimentó dos saqueos. ¿Cómo no iba a sufrir daños Santa Marta?[64] Las aldeas de la tierra de Alba se hallaron aniquiladas por la calamidad de los tiempos, la esterilidad de los frutos y los gravámenes añadidos a todos los pueblos.

---

[63]   En otra cuenta del municipio salmantino se dice: «40 reales que se pagaron a Juan Ballesteros, alguacil de esta ciudad, por la ocupación que tuvo en buscar costales para cuatro carros que fueron a conducir cebada y pan cocido a los lugares de Santa Marta, Carbajosa, Arapiles, Las Torres, Mozárbez, Miranda de Azán y Aldeatejada, para los soldados franceses y por la ocupación de tres días que empleó en ir con dichos carros para la conducción de dicho pan cebada».

[64]   Cuando los sexmeros de Salamanca hacen información de los destrozos, padecimientos y exigencias que tuvieron que soportar con la guerra, se refieren a las villas y a los lugares de sus respectivos cuartos, como el de Peña de Rey que era al que pertenecía Santa Marta. No hacen excepción de ningún lugar. es decir todos y cada uno de los pueblos lo pasaron mal.

Las aldeas de la socampana de Salamanca no estarían en mejor situación. Tanto los ejércitos amigos como los enemigos forrajearon los campos, y los campesinos no pudieron hacer la sementera acostumbrada, con lo cual el año 1707 había muy poco pan. Además de que los aliados saqueaban sobre todo los pósitos y alhóndigas de los pueblos. El año 1702 el Tormes tuvo una más de sus frecuentes avenidas, y otra más experimentó en septiembre de 1707, que un huracán azotó el puente romano de Salamanca[65] y causó en él daños muy considerables. En ambas ocasiones las avenidas destrozaron las pesqueras de las aceñas de Alba, por lo que se deduce que también sufrirían algo las zonas aledañas del río en Santa Marta; e igualmente se deduce que, teniendo dificultad, el puente de Salamanca, el tránsito reiterado de tropas, se haría varias veces por el Vado de Santa Marta.

El pago de tributos ya al ejército aliado enemigo, ya más organizado y duradero a la Nación Española, fue un hecho bien sensible, por cuanto bastantes pueblos no podían sustentarlo. Especialmente el llamado «pago de utensilios»[66]. Los pueblos quedaron económicamente muy mal. Para lograr hacer el pago exigido por los aliados y también el llamado de un doblón por vecino que puso Felipe V, muchos pueblos tuvieron que pedir dinero prestado y contrajeron deudas que algunos pueblos tardaron muchos años en pagar.

6.2. Santa Marta desde 1714 a 1750: Datos de economía rural

Proporciona alguna información el «aforo de vino que varios vecinos herederos de la ciudad de Salamanca tienen guardado en Santa Marta». Esta especie de inventario o de recuento se mandó realizar en el año 1705 en las villas y lugares de la jurisdicción de Salamanca que estuvieran en el espacio que quedaba desde la capital hasta cinco leguas de distancia de esta. Se hacía para que los dueños del vino pudieran introducirlo y venderlo en Salamanca y así obviar fraudes y perjuicios. Cuatro fueron los herederos de viñas que tenían vino guardado en Santa Marta, y a cada uno de los cuales se le hizo la patente de las siguientes cantidades:

— Doña Isabel de Pedrosa, viuda: Tenía cinco cubas cada una de ellas con la cantidad que se especifica: la 1.ª = 45 cántaros; la 2.ª = 54 cántaros; la 3.ª = 45 cántaros; la 4.ª = 35 cántaros; y la 5.ª = 35 cántaros. Total en la bodega de doña Isabel = 214 cántaros de vino.

— Don Antonio Sánchez: Tenía solamente una cuba con 20 cántaros

---

[65] El día 6 de septiembre a las 5 de la madrugada y las aguas destrozaban un tajamar y estaba a punto de derrumbarse la torrecilla. Se calcularon los reparos en 76.000 reales, y posiblemente el coste subió mucho más de esa cantidad.

[66] Comenzó siendo un tributo en concepto de ayuda al pago del consumo de cebada, paja y víveres como tocino. Continuó en vigor durante varios años.

- Doña María Hernández tenía en su bodega 8 cubas: En la 1.ª = 50 cántaros; la 2.ª = 60 cántaros; la 3.ª = 70 cántaros; la 4.ª = 15 cántaros; la 5.ª = 50 cántaros; la 6.ª = 55; la 7.ª está vacía; y la 8.ª = 35 cántaros. Total 335 cántaros de vino.

— Juan Antonio Domínguez tenía en su bodega 4 cubas: la 1.ª = 80 cántaros; la 2.ª = 40 cántaros. La 3.ª y la 4.ª, estaban vacías. Total 120 cántaros.

La suma total de estos cosecheros de Salamanca aforó como cantidad de vino guardado en bodegas de en Santa Marta 689 cántaros. Esta cantidad parece aceptable al tratarse de un pueblo que no estaba considerado de los más productores de vino, y viendo que solo se han relacionado cuatro cosecheros. Por tanto, se puede presumir que habría otros tantos o más dueños de viñas, que serían vecinos del propio lugar de Santa Marta, o de la propia ciudad de Salamanca, cuyas bodegas no fueron revisadas porque su vino no lo iban a introducir en la capital. Acaso la correspondiente venta tuviera como destino tabernas de pueblos y de aldeas de la provincia. Y, a pesar de toda esta producción de vino, y a pesar del espacio que ocupasen las aranzadas de viñas, la diferencia con la producción cerealista es grande.

Se conoce un arrendamiento de tierras pertenecientes a los mayorazgos de Flores y Godínez que son 7 yugadas radicantes en Santa Marta. Es del año 1729. Dice así:

> Sépase por esta escritura de arrendamiento obligación, cono nos Antonio Delgado, Domingo Curto, Pedro Barrado, Juan Marcos y José Polo, vecinos que somos del lugar de Santa Marta, jurisdicción de la ciudad de Salamanca, estantes al presente en ella, recibimos en renta y arrendamiento de los mayorazgos de Flores y Godínez, de que es poseedor don Francisco Ordóñez Fernández de Córdoba, vecino de la dicha ciudad, por mano de don Antonio Luis de la Cruz, su administrador, en su nombre, es a saber: Las siete yugadas de heredad que en dicho lugar de Santa Marta tienen dichos mayorazgos, con sus casas, pajares, pastos y demás que toca y pertenece por tiempo y espacio de seis años de tres en tres, que empezaron a correr y contar día de San Martín, 11 de noviembre del presente mes hasta ser cumplidos y por precio y renta en cada uno de ellos de 140 fanegas de trigo candeal, nuevo, seco y limpio y bien medido de buena calidad y 3º reales en dinero por razón de adala, pagando uno y otro por los días de Nuestra Señora de Agosto, de suerte que la primer paga será el 15 de agosto[67] de 1731.

Es muy probable que también hubiera otros mayorazgos y vínculos cuyos titulares no he visto, de momento.

---

[67] P. N. 5348, con fecha 6 de junio de 1739, ante Juan G, de Santillana. AHPSA.

6.3. Esparcimientos en Salamanca

Cuando una familia está de fiesta, algo toca a sus vecinos, aunque solo sea satisfacer la curiosidad. Salamanca estuvo reiteradas veces celebrando gozosamente diversos festejos durante la primera mitad del siglo xviii. Esta historia es propia de la capital del Tormes, no la apropiamos para Santa Marta, porque, mientras no se diga nada concreto de Santa Marta, nada se puede dar por cierto. Pero sí se puede dar como hipótesis que las gentes de Santa Marta acudieron a tales festejos, porque una deducción lógica así lo intuye.

Unos festejos notorios fueron los de la jura en enero de 1724 de Luis I, hijo primogénito y sucesor de Felipe V, que abdicó en él, y Salamanca lo celebró grandemente. Pero el joven murió antes de terminar el año. Felipe V asumió de nuevo la corona.

Salamanca comenzó en 1729 a realizar su plaza Mayor, y lógicamente las obras pudieron dar trabajo no solo a obreros de la ciudad, sino también de los pueblos, ya que en estos se disponía de bueyes para el transporte con carros. Había mucho trabajo, pues se tenían que derribar unas casas, preparar el terreno, traer maderas, hierros, sogas, etc. y las primeras obras se concluyeron en tres años[68].

Tres obispos se sucedieron en la sede de Salamanca en la primera mitad del siglo xviii. Los hechos principales durante cada prelatura los narra Bernardo Dorado. Al obispo Calderón de la Barca, que murió en 1712, le tocó vivir todo lo más duro de la guerra de sucesión. Rogó a don Antonio de la Vega que no abandonase Salamanca e hiciera frente a los aliados, pero, como la abandonó, el señor obispo, disgustado, se marchó temporalmente a Cantalapiedra, aunque pronto regresó a su diócesis. Durante el mandato de don Silvestre García de Escalona, en 1718, se acabó la obra de Nuestra Señora de la Vega; contaban entonces que «salieron tres soles una mañana cuando las gentes preparaban una rogativa para atajar la langosta que inundaba los campos». En 1727 se hicieron fiestas escalonadas a Santo Toribio Mogrobejo, San Luis Gonzaga y San Estanislao de Kosca. Durante el mandato del siguiente prelado don José Sancho Granado, tuvo lugar en 1743 la gran fiesta por la concesión por el papa Benedicto XIV a Salamanca de un oficio especial o doble para rezarlo a cinco santos de la época de los pueblos[69] «bárbaros de norte» Se declararon santos patronos de Salamanca. Hubo grandes fiestas en las ferias de septiembre durante siete días por las mañanas, por la tarde y por la noche. La obra *Sagrado Áurero*[70], por José Rafael Ventura, informa de las celebraciones religiosas y de las profanas con corridas de toros (hasta 16, unos por la mañana

---

[68] Rodríguez de Ceballos, A. *La plaza Mayor de Salamanca*. CES. Salamanca, 2005. Todos los años el 10 de mayo se recordaba el inicio de las obras. En diversas ocasiones a los canteros y operarios Se les daba algún agasajo.

[69] Arcadio, Probo, Pascasio, Eutiquiano y Paulillo.

[70] Publicado en Salamanca en 1745: Los santos son Arcadio, Probo, Eutiquiano Pascasio y Pablillo. La fiesta el 13 de noviembre.

y otros por la tarde en un día), otros días se corrieron novillos, también para regocijo de las gentes hubo teatro, cohetes (se gastaron 114 docenas), hogueras, luminarias y un castillo de fuegos, desfile de disfraces, músicas, repique de campanas, etc.

Desde luego a estas fiestas llegaron numerosos forasteros[71]. He relacionado estas fiestas, por cuanto, estando Santa Marta tan cerca de Salamanca, los vecinos de esta aldea no podrían dejar de venir a ver y a recrearse en esos acontecimientos, si es que algún vecino no aprovechaba la ocasión para hacer compras o venir a vender al por menor algunos granos o animales.

6.4. Vecindario realizado por mandato del Obispado de Salamanca en 1747

La importancia de este vecindario reside en que, por una parte, es anterior al Catastro de Ensenada, y, por otra, sirve de comprobante respecto del vecindario y de los habitantes de cada núcleo. El documento se titula *Razón del vecindario de esta ciudad de Salamanca, villas y lugares del obispado*[72], *en el año 1747*. Una selección de los núcleos de población cercanos a Santa Marta permite hacer una comparación entre ellos y ver su categoría:

Tabla 5. Vecindario de la zona de Santa Marta (cada viuda cuenta por medio vecino)

Pueblo	Vecinos	Sacerdotes	Viudas	Total	Coeficiente
Santa Marta	25	-	7	97	3,4
Carbajosa de la Sag	36	1	7	145	3,5
Calvarrasa de Arriba	77	1	19	281	3,2
Calvarrasa de Abajo	89	1	15	322	3,3
Pelabravo	30	1	23	323	3,7
Cabrerizos	31	3	1	138	4
Narros del Río	3	1	—	15	
La Pinilla	3	—	—	20	
Gargabete	1		—	1	
Aldehuela Guzman	1			2	

Fuente: Realización propia con los datos del citado *Vecindario del Obispado.*

---

[71]   El autor del libro lo confirma en varias estrofas. En una dice: el fluxo y refluxo de las turbas / no era irse, sí estarse permitido/ que implicado en sí mismo aquel concierto, / de su propio formaba el laberinto. Y en otra precisa: A tan solemne gozo, el forastero con el dulce amigo / abrazándose amante en el saludo / halló que era verdad / el bien venido. Y finalmente dice que tantos insignes concurrente se restituyeron a sus ciudades muy contentos.

[72]   El documento se conserva en el Archivo del Noviciado de los PP. Jesuitas de Salamanca.

Elegidos los diez núcleos cercanos a Santa Marta, se ve que los cuatro últimos de la lista son despoblados, y entre los seis restantes Santa Marta es el de menos vecinos y menos población y queda sin cura, en tanto que Narros, con tres vecinos, posee un sacerdote. Los coeficientes de personas por cada vecino son bajos, solo Cabrerizos llega a cuatro personas por vecino, y Santa Marta mantiene la característica general. La zona geográfica señalada tiene poca densidad de población. Se sabe que la despoblación viene ya de tiempo atrás. En este listado no se dice nada de Carpihuelo, y Gargabete se menciona como un solo término, como si no estuviera dividido en dos.

Escudo del siglo XVII de una casa nobiliar. Está puesto en la pared de la aceña. Las dos calderas indican claramente el apellido " Calderon". Y como se verá tuvieron parte en la propiedad de la aceña los "Muñiz Calderón de la Barca".

VII. SEGUNDA MITAD DEL SIGLO XVIII. AMPLIA INFORMACIÓN SOBRE EL PUEBLO EN EL CATASTRO DE ENSENADA DE 1752

7.1. Nociones generales sobre este catastro. Importancia de sus documentos

El Catastro de Ensenada presenta seis libros manuscritos sobre Santa Marta y uno más sobre Carpihuelo. Con estos documentos podemos obtener como una radiografía del estado demográfico y, sobre todo, económico del pueblo. Pero hay que leerlos todos y no quedarse solamente en las Respuestas Generales a las 40 preguntas[73]. Lo primero que se observa es que el actual término municipal de Santa Marta en 1752, cuando se escribe el Catastro de Ensenada, diferenciaba tres entidades: Santa Marta, Carpihuelo y La Serna. Los dos últimos núcleos estaban despoblados, y tanto que de la Serna no se le hizo la llamada operación catastral, es decir, no se recabó información de este amplio sitio sobre su extensión, producción, dueños del terrazgo, etc. Además, queda alguna duda de que fue de un espacio más, el denominado Valdedamas[74], sobre si en la antigüedad constituyó otro pequeño núcleo que desapareciera muy tempranamente, o si fue una propiedad particular que no dejó más recuerdo que el topónimo, que es lo que aquí vamos a dar por válido. Parece que este sitio radicaba entre Carpihuelo y La Serna.

Finalmente, al hablar de las viñas, se dice que, según se iba hacia ellas, quedaba un espacio que daba la impresión de que también habría sido despoblado, aunque para tener tal categoría bastaba con que hubieran quedado los restos de una o dos casas o corrales[75]. Así pues, cabe suponer que esta estructura general de división del terrazgo en tres o cuatro zonas databa de mucho tiempo atrás.

---

[73] Actualmente esta sección se puede consultar por vía digital.

[74] Pudiera ser Val de Damas o Valdelama, que así se llamó un despoblado en la Armuña. Aunque es muy peregrina la idea, conviene recordar que en la antigüedad pagana hubo un demonio llamado Amas que habitaba en un infierno de abrojos, por lo que de esa idea pudiera haber salido el nombre de Val de Ama, que habría evolucionado a Valdedamas.

[75] Como no se da el nombre de ese espacio, nada se puede suponer y menos afirmar del mismo.

7.2. Breve análisis de la población del momento, 1752. Número de vecinos y de habitantes

Conocemos por las Respuestas Generales que había solamente 20 vecinos. Según las relaciones personales, que cada uno de ellos fue dando de su familia y los años que tenían sus hijos y sus criados (cuando los tenían), todo lo cual daría un total de 80 habitantes. Los vecinos relacionados fueron 5 labradores, 3 sirvientes, 9 jornaleros, 1 sastre y 2 pobres[76].

El total de habitantes divido entre el total de vecinos da una media teórica o coeficiente de 4 individuos por cada vecino. Solo dicen los años de su edad los varones, pues de las mujeres no era obligatorio declararla. Por consiguiente, las conclusiones ofrecidas se obtienen de los datos que ofrecen los varones. Como mayores de 65 años no hay más que un hombre, está muy claro que la mayoría de la población moría a una edad inferior, es decir, la esperanza de vida era francamente muy baja. También se aprecia que de cero a cinco años hay muy pocos niños (un niño y dos niñas), lo cual demuestra una limitación de nacimientos. El grueso de población se encuentra desde los 9 años hasta los 64, y más exactamente de los 20 a los 44 años con 20 varones.

Si comparamos los datos del Catastro de Ensenada con los del Vecindario del Obispado, veremos que de 1747 a 1752 la diferencia es de 5 vecinos y de 17 personas. ¿Cómo es posible en tan corto tiempo tal discrepancia? Se puede pensar que se debe a que los datos del obispado se tomaron de los disponibles que estuvieran realizados algunos años antes, y que, además, sucediera alguna emigración y ocurrieran algunas muertes.

Clasificada la población por sectores de actividad, la población activa son 17 vecinos los que corresponden al sector primario; 2 entran en el sector industrial, que son un molinero y un sastre, y 4 al sector de servicios: fiel de fechos, carnicero, tabernero y cura. Sumada toda esta población, da un total de vecinos superior al número de 20, que se ha dicho formaban la población. Esto se aclara viendo que el molinero y el cura tienen su domicilio fuera del pueblo, y que el fiel de fechos hace de secretario y de sastre, y que el carnicero y el tabernero hacen trabajos a tiempo parcial y se contabilizan dos veces.

---

[76]   Parece que dejaron sin incluir en el recuento vecinal a cinco sujetos más, dos relacionados con la carnicería, dos viudas y uno más. Y se presume que esto lo harían porque esos no contados como vecinos venían al pueblo al trabajo, pero no vivían en la localidad.

7.3. REFERENCIA SOBRE EL HÁBITAT. REPARTO DE LA PROPIEDAD URBANA

A la pregunta 21 de las Respuestas Generales respondieron que en el pueblo había 27 casas de vivienda, en las que se incluyen 7, que se hallan sin morador. Como en la anterior pregunta respondieron que había 16 vecinos y 4 viudas, en teoría tocaban a casa por vecino y aún sobraban 7 casas. Una consulta más detenida nos da otros datos un poco distintos.

Extraña una cosa, como que algunas viviendas se levantaron muy cerca del río. Indudablemente, los constructores de estas en tiempos remotos tenían que conocer dos factores muy negativos de esa cercanía. Uno, que las avenidas del río podían inundar sus casas; y dos, que las nieblas y la humedad de río eran muy perjudiciales para su salud. Como a pesar de esto las casas se construyeron próximas al río, se puede pensar que quizás algún propietario del terreno cediese a los constructores esos sitios precisamente porque los considerase menos aptos para sus fines agrícolas. ¿O acaso los constructores las levantaron allí precisamente pensando que el río les serviría de defensa? Más conforme con una idea defensiva sería aquel sujeto que en un tiempo remoto construyera su torre, de lo que solamente queda el topónimo de la Talaya, porque el topónimo las Bragas remite más a tiempos remotos que a medievales.

El espacio ocupado por las viviendas y sus dependencias da una superficie pequeña, pero se deduce que el casco urbano, contando con la superficie de algunas paneras, lagares, bodegas, corrales, pajares y herrenes, alcanzaba una superficie urbana bastante mayor que la referida solamente a viviendas.

TABLA 6. Edificios en Santa Marta, sus dimensiones y propietarios en 1752

Nº	Propietario	Varas	Varas	m²	Aclaración
1	El Concejo	13	30	266,4	Casa consistorial
2	La carnicería	sin medidas			Es del Ayto.
3	La fraguas	sin medidas			Es del Ayto.
4	La taberna	18	10	123,6	De la parroquia
5	Antonio Campos	8	9	49,1	Vec. Santa Marta
6	Santiago Aparicio	5	8	43	Vec. Santa Marta
7	Teresa Arroyo	15	10	102	Vec. Santa Marta
8	José Polo	20	12	159	Vec. Santa Marta
9	José Gabriel	8	9	49	Vec. Santa Marta
10	Juan Marcos	9	19	116	Vec. Santa Marta
11	Juan Marcos	10	16	109	Vec. Santa Marta

Nº	Propietario	Varas	Varas	m²	Aclaración
12	Juan Marcos	10	19	130,7	Vec. Santa Marta
13	Juan Marcos	10	8	54,7	Vec. Santa Marta
14	Teresa Álvarez	10	15	103,3	Vec. Santa Marta
15	Beneficio de San Pablo	10	14	96,2	Foras. Estad Eclo
16	Beneficio de San Pablo	14	29	299,2	Foras. Estad Eclo
18	Colegio de San Vicente	36	16	393,3	Foras. Estad Eclo
19	Clerecía de San Marcos	19	31	273,1	Foras. Estad Eclo
20	Cabildo de la catedral	33	12	253,8	Foras. Estad Eclo
21	Agustinos Recoletos	19	19	246,4	Foras. Estad Eclo
22	Convento de la Victoria	No da			Foras. Estad Eclo
23	Don Silvestre del Haya	19	19	246,4	Forastero
24	Don Silvestre del Haya	14	9	85,8	Forastero
25	Baltasar Díez	10	11	75,5	Forastero
26	Juan Calvo	6	8	26,4	Forastero
27	Benito Gómez	22	8	120,1	Forastero
28	Benito Gómez	7	22	105,5	Forastero
29	Conde de Grajal	13	5,5	48,5	Forastero
30	Conde de Grajal	18	19	233,9	Forastero
31	Calixto Martín	20	6	66,4	Forastero
32	Pedro Brias	12	16	122,7	Forastero
33	Mayorazgo Godínez	14	8	76,5	Forastero
34	Luis Salinas	14	29	229,2	Forastero
35	Luis Salinas	11	8	60,0	Forastero
36	Luis Salinas	8	17	93,0	Forastero
37	Francisco Villarroel	25	17	291,8	Forastero
38	Vínculo de Isabel Navia	18	18	222,0	Forastero
39	Patronato de legos	16	17	186,1	Forastero
40	Juan Cabrero	6	8	26,4	Forastero
41	Francisco de Calvarrasa	12	16	122,7	Forastero
	TOTALES			5.332,48	

Fuente: Realización propia.

Esta afirmación surge considerando que en los corrales tenían que recoger los ganados y los carros y otros aperos de labranza y la leña para el hogar, y en los pajares tenían que guardar el heno y la paja.

La propiedad de la riqueza urbana de Santa Marta se repartía del siguiente modo: Los propietarios de casas de vivienda eran 10 vecinos. Frente a ellos hay que considerar a 17 titulares que no tenían vecindad en el pueblo de Santa Marta. De suerte que había en total 40 casas. Sin embargo, de ellas 14 pertenecen a vecinos del pueblo y 26 a forasteros, ya sean vecinos de otros sitios, ya sean entidades cuyo domicilio no está en Santa Marta. La diferencia en metros cuadrados también es grande. La riqueza urbana no estaba repartida por igual ni mucho menos, antes al contrario había solamente algunos propietarios, otros vecinos muy pobres sin casa, y forasteros con casas buenas, disponiendo en ellas de bodega, desván, pajar y panera. También hay que considerar la propiedad urbana, la territorial y otros efectos del concejo, es decir, el equivalente al ayuntamiento. Este poseía 3 casas: la consistorial o de ayuntamiento, la de la carnicería y la fragua. Gozaba de derecho de abasto de vino y llevaba la administración del pósito, que no tenía panera propia, sino que se servía de las del propio ayuntamiento.

7.4. Estructura de la propiedad rústica. Dueños del terrazgo

Los peritos buscados para hacer información, que solo teóricamente eran agrimensores, dijeron que todo el término municipal tenía una extensión superficial de 1779 fanegas de tierra = 720 ha con 33 áreas: De ese total 712 fanegas correspondían al estado secular = 289 has con 92 áreas; y 967 = 393 has con 76 áreas eran posesión del estado seglar. Hemos de añadir a estas cantidades las 210 fanegas = 85 has más 51 áreas de Carpihuelo, también de estado secular, con lo cual quedaría un total de total de 1989 fanegas = 809 has con 92 áreas.

Pero vamos a seguir la distribución del terrazgo conforme a lo que respondieron del término de Santa Marta, sin incluir Carpihuelo, que fue del modo siguiente:

Tabla 7. Terrenos destinados a cultivos, y terrenos incultos

Cultivos	Fanegas
Cebada	1
Trigo	825
Centeno	67
Prados	64
Tierras incultas	212
Total	1.317

Fuente: Realización propia.

Una página del Catastro de Ensenada que califica tierras, viñas y prados.

Como puede apreciarse, la suma total de 1317 fanegas está muy lejos de las 1769 que dijeron que hacía el término municipal. De hecho, aquí no se incluye la superficie dedicada a viñedo, ni las huertas; las eras posiblemente estén incluidas en prados, o tampoco se contabilizaron; y se ve que la producción principal es el cultivo de cereal, especialmente el trigo. Supongamos también que en el total dado por un alto incluyeran la extensión superficial de la Serna y hasta de Carpihuelo. Aun así las cifras no cuadrarían, y no es conducente buscar ocultaciones ni equívocos, porque algo muy semejante ha ocurrido al dar datos de otros diversos pueblos de la provincia en los que tampoco hay coincidencia en las cifras apuntadas[77]. Más adecuado nos parece ir anotando la tierra improductiva, y después dar cuenta de las mayores propiedades que había en el término municipal conjunto de Santa Marta, la Serna y Carpihuelo. Si consideramos los terrenos improductivos según la información declarada por los propietarios, nos resultan unas 34 fanegas más de terrenos improductivos, que se distribuían del siguiente modo: pertenecen al mayorazgo de Francisco Godínez un pedazo a los Llanos que hace 100 fanegas y en otros pedazos sueltos 94 fanegas. Son de propios del Concejo 20 fanegas. Y corresponden al cabildo de la catedral de Salamanca 32 fanegas. Y todo este terreno da un total de 246 fanegas o huebras improductivas.

Si consideramos prados y eras, va a suceder igual que con las cifras aportadas cuando se dio relación propietario por propietario, que estas últimas cifras no cuadran con las referidas como total.

La propiedad del terreno del término municipal de Santa Marta se distribuía de forma desigual. Unos pocos propietarios acaparaban gran parte del territorio; un grupo también reducido tenían alguna propiedad, poca en cada caso; y, finalmente, otro grupo tan pequeño como los anteriores poseía una mínima porción de terrazgo. La estructura de la propiedad se refleja de modo aproximado en la siguiente tabla:

TABLA 8. Estructura de la propiedad rústica en Santa Marta en 1752

Propietario	Huebras tierras	Huebras prados	Aranzadas de viñas
El Concejo		13 (+1)	
Mayorazgo.Ordóñez	539		
Cabildo de catedral	177,75	8,50	
Clerecía S. Marcos	92		
Benef. San Pablo	90		
Conde de Grajal	84	1	
Benef. del lugar	39,50		
Patronato de legos	29,45		
Víncul I. Sánchez	36		
CapellaníaÁnimas	30		

[77] He examinado los documentos del Catastro de Ensenada de 27 pueblos y de otras tantas dehesas de la tierra de Alba de Tormes.

Propietario	Huebras tierras	Huebras prados	Aranzadas de viñas
Frco Vill= vínculo	15,75		
Agustin Recoletos			23,50
José Gabriel	12,75		
Juan Marcos	3		4,75
Beneficio Santiago			
Capellan H. Satiag	2,75		
Univer Salamanca.	2		
Duque Montellano	1		
Monjas Carvajales	86,25		
Seminario Carvajal	6,00		
Capell H. Amparo	2,25		
Monast. Jerónimos			12
Colegio S. Vicente			20
Fabrica S.Julián	1,25		
Fabrica catedral	1,50		
Santiago Ortíz	0,50		

Fuente: Realización propia.

7.5. La propiedad pecuaria según el Catastro de Ensenada

La estructura ganadera es más sencilla que la del terrazgo. Se divide en dos clases de propietarios. Una, sería la de los que no tienen más ganado que un borriquillo y un cerdo o dos para su consumo anual. La otra, la de los que tienen ganados en número importante, pero ni mucho menos comparables con los que en otros pueblos tenían dehesas y cotos redondos, se llamaban ganaderos y pertenecían al honrado concejo de la mesta. En Santa Marta solo encontramos cuatro dueños de ganados con una cantidad aceptable de cabezas. Y es destacable que solo uno de los forasteros dueños de tierra y de viñas tenga ganado alguno. Agrupando bueyes, novillos y vacas en la denominación de bovino, y haciendo algo semejante con otras clases de ganado, resultan los datos de la siguiente tabla:

TABLA 9. Composición ganadera en Santa Marta (Catastro de Ensenada)

Propietarios	Bovino	Equino	Porcino	Lanar	Caprino
José Polo	34	5		1.100	
Gabriel Santos	7	2	22	140	
Juan Marcos	13	2	5	26	
Catalina Martín	10	21			
José Gabriel	2	2	2		
Gonzalo Picado		3		45	
Juan García		1	4		74
De ocho vecinos	6	9	11		
D. Silvest Haya	10	2	2		
Cinco vecinos					
Totales	84	47	46	1.311	74

Fuente: Realización propia.

La estructura precedente contempla las cifras dadas, como las de cabezas de ganado, que son algo engañosas, pues, por ejemplo, el porcino comprende tanto los cerdos grandes como los camperos, los pequeños y mamones; y si estos últimos son de semanas o meses, posiblemente no lleguen al año siguiente. Igualmente en el equino son mayoría los pollinos, pues solo hay tres yeguas, el ganado lanar ofrece una gran concentración. Para su cuidado tenía José Polo tres pastores, y el ganado pastaba a temporadas, unas en el término de Santa Marta y otras en el de Gargabete de Arriba, que lógicamente lo llevaría en arrendamiento. Por su parte, Juan García, llamado el Cabrero, que poseía 74 cabras, también pagaba a un criado para el cuidado del ganado, que pastaba un tiempo en la Alcubilla y otro tiempo en el término del pueblo.

Todos los propietarios excepto el cabrero tienen ganados para ayuda complementaria de las labores agrícolas, ya sea para tirar del carro o del arado o para transporte de leña, trigo, hierbas, etc. En todo caso, esos ganados daban cortos rendimientos y siempre como ingresos complementarios, pero no los únicos y principales. No hay vacas dedicadas a la producción de leche, como tampoco se usa la denominación de «ganado holgón», aunque las yeguas y los pollinos efectivamente lo fueran en ciertos días del año.

Un documento de la Real Chancillería de Valladolid dice «auto de oficio contra Gabriel Macías y Antonio Rodríguez, vecinos de Santa Marta de Tormes, por hurto de vacas». La fecha es de 1752-1754, y solo consta de una hoja que añade «pleitos olvidados». Como ninguno de estos dos señores se relacionan en el Catastro, es presumible que la demanda sea de época anterior. Y también es presumible que, como no se contiene el proceso, se entregaran las vacas a su dueño y todo quedó olvidado[78].

7.6. Sobre vegetación y ausencia de ciertos cultivos

Se señala en las Respuestas Generales que existe una alameda, que se debía a lo legislado por Carlos III, que había prosperado poco, pero probablemente se olvidaron especificar que esa escasa frondosidad correspondía solamente algunos árboles, porque probablemente no sucedía igual con los llamados árboles de ribera que crecerían junto al río. Para conocer mejor la vegetación del término de Santa Marta, nos sirve muy bien la toponimia. Veamos algunos nombres para deducir lo pertinente de ellos. Había en el término nombres como estos: Hoja del Monte, sitio del montillo, la Encina grande, y los Carrascales. De lo cual se deduce la presencia de encinares, como los había en Gargabete de Abajo y en Gargabete de Arriba, y en Calvarrasa de Abajo. No pudo ser tal la desforestación que no quedasen encinas y carrascos. Se numeran tres álamos, la Higuera y la Encina Grande, y se añade el Soto. Por consiguiente, los topónimos dejan ver que no solo había esos árboles mencionados, sino que también tenían presencia otros árboles y arbustos

La Fuente Tarragona, el juncal y el pocito significan la presencia de agua, que podría haber sido aprovechada de algún modo, haciendo lavajos y pozos para así tener algunos trozos de regadío, aunque fueran pequeños.

7.7. La Serna según el Catastro de Ensenada

Los peritos que informaban respondiendo a las preguntas formuladas para establecer la única contribución señalaron que la Serna podía hacer 250 huebras, ¡nada más![79]

Como otras grandes fincas y cotos redondos, el territorio de la Serna no había quedado en unas únicas manos, sino que desde siglos antes había estado algo fragmentado, y se deja ver que la propiedad quedaba en pocas manos, pero en el

---

[78]   Consulta realizada por medio del programa PARES, que sale Sala de lo Criminal, caja 532, 6, fechas 1752-1754.

[79]   Ese territorio, si hubiera continuado delimitado, se consideraría en la actualidad una dehesa, pues su extensión equivale a 250 x 0,4472) = 111,8 ha. Más adelante volveré a hablar de la Serna y haré un estudio más completo.

Catastro de Ensenada no se especifica cuántos eran los dueños ni cuánto suelo podía aprovechar el municipio de Santa Marta.

7.8. Carpihuelo según el Catastro de Ensenada

Este término redondo, despoblado[80] en el siglo XVIII, se trató como núcleo independiente de Carbajosa y de Santa Marta.

Efectivamente de Carpihuelo, considerando su núcleo y su término, se hizo la llamada operación o averiguación en 1752. El sufijo «uelo» con el que acaba el nombre «Carpio» indica que se trata de un núcleo pequeño. Hay abundantes ejemplos que lo confirman: Aldehuela, Peñuelas, Guijuelo, etc. Indudablemente le pondrían el nombre de Carpio y le añadieron el sufijo porque lo merecía, y, además, para distinguirlo así de Carpio Bernardo, que era un núcleo próximo de mayor vecindad. Se entiende que los repobladores de ambos núcleos, el grande y el pequeño, pudieron llegar a la vez procedentes de un mismo lugar.

A mediados del siglo XV ya aparecen ciertos despoblados debido a la acción de alguno de los poderosos que se quieren aprovechar del terrazgo de ellos, y de hecho logran su objetivo. Poco después de 1453, la Aldehuela de los Guzmanes ya está despoblada, y así ha llegado hasta la actualidad (queda situada al otro lado del río, casi en frente de Carpihuelo). Poco o nada se conoce desde esa fecha hasta mediados del siglo XVIII sobre este Carpihuelo.

Efectivamente se realizó la operación para la «Contribución Única» de su término con fines fiscales. De esta operación quedó un libro de Catastro de Ensenada que da algunos datos bien precisos, y los principales son los siguientes: era de realengo, de la jurisdicción de Salamanca. De levante a poniente se extendía una media cuarta de legua, y de norte a sur, lo mismo. Limitaba a poniente con Val de Damas, al norte con el término de Santa Mart,a y al sur con el término de Carbajosa de la Sagrada. Su figura era la de un cuadrado imperfecto. Había tierras para trigo, centeno y pastos, y también algarrobas y garbanzos. Producía un año de dos, pero los pastos producían todos los años. El término se dividía en dos hojas: la del Castaño y la de la Fuente. En total se labraban unas 210 huebras, de las que 170 eran para trigo.

Era su dueño don Manuel Muñiz Calderón[81] de la Barca, residente en la villa de Benavente. Se añade que tenía una casa en Carpihuelo, cuyas dimensiones eran 20 varas de frente por 6 varas de fondo, que daban 66,4 metros cuadrados, en la que

---

[80]   En el siglo XVII se le atribuye un vecino, que posiblemente sería el colono rentero.

[81]   Por consiguiente, ya tiene un dueño distinto del referido en el siglo XVII, cuando se dijo que era de don Diego Godínez Brochero, hijo de Rodrigo Godínez. ¿Cómo pasó a don Manuel Muñiz? Por compra o por matrimonio con alguna heredera.

no moraba nadie, sino que se incluía en el arrendamiento y era aprovechada para introducir el ganado.

En 1857 en el libro de Contaduría de Hipotecas de Santa Marta se denomina así: Término redondo de la alquería de Carpihuelo, y, al especificar diversas fincas de otras aldeas, también se dice que limitan con la raya de Carpihuelo. Con esto se demuestra que no solo perduraba la idea de que había sido un núcleo convertido en despoblado, sino también que se reconocía perfectamente su peculiar delimitación. Se volverá a hablar de Carpihuelo más adelante en esta misma obra.

7.9. El mayor hacendado de Santa Marta

Cuando habían concluido todas las operaciones realizadas en todos los núcleos para reducir todas las contribuciones a una sola, se dio una nueva orden de «sacar puntual noticia del mayor hacendado de cada pueblo». El estudio de los resultados presentados de la provincia de Salamanca fue realizado por Ricardo Robledo[82]. De Los datos publicados con relación a Santa Marta solo son tres: el mayor hacendado era don Francisco Ordóñez[83], que poseía 599 fanegas de tierra, y sus ingresos significaban 13.400 reales. La extensión superficial desde luego es coincidente con lo expuesto en el libro de las relaciones personales del Catastro de Ensenada. Pero no se especifica en esa ocasión que esa cantidad de terreno provenía de dos mayorazgos: el de los Flores y el de los Godínez de Paz.

También es conveniente considerar de quién era la aceña, que tenía tres piedras y producía una renta muy substancial. Según Catastro de Ensenada, el conde de Grajal poseía una sexta parte, y cinco partes don Cristóbal de Espiñosa, vecino de Zamora, por su mujer, doña María Cabeza de Vaca, pero, como veremos más adelante, estas cinco partes fueron del mayorazgo de Francisco Ordoñez, que también era conocido por el mayorazgo de los Godínez[84].

Otro dato en esa documentación del Mayor Hacendado es la relativa al dueño propietario don Manuel Muñiz Calderón de la Barca[85], del que se dice que po-

---

[82]   El trabajo no solo es de Robledo, R., sino conjuntamente con Brel, M. P.; y Espinosa L. E. En *Salamanca, Revista de Estudios, 33-34*. Año 1994. Apéndice Documental, pp. 361-411.

[83]   En las relaciones personales suelen decir que son tierras del Mayorazgo Ordóñez.

[84]   En 1680 vemos que vive un Francisco Godínez Cabeza de Vaca). Complican el seguimiento de esta propiedad las sucesivas uniones matrimoniales, pero hay que tener en cuenta a Cristóbal de Espinosa, pues a fines del xix aparecen como propietarios en Santa Marta, aunque poco importantes, la familia de los condes de Crespo Rascón.

[85]   Sale repetido en los dos listados de hacendados, pero en uno han puesto Muñoz en vez de Muñiz. En ambos casos no han especificado al segunda parte del segundo apellido, que es «de la Barca». Y en cuanto al domicilio, aunque se dice Benavente y él o sus hijos también lo decían, de hecho, no era Benavente, sino un pueblo cercano llamado Fuentes de Ropel.

seía 498 fanegas. Pero, como veremos, integraban ese conjunto suyo una parte de Coca de Huebra, el Soto Muñiz (que estaba situado en la proximidad del puente romano de Salamanca) y Carpihuelo. Por lo mismo, sus ingresos de 10.471 reales no solo procedían del despoblado Carpihuelo, sino también de sus otras propiedades.

7.10. Santa Marta en el último cuarto del siglo xviii: Informaciones para el Mapa de Tomás López, año 1783

Don Tomás López y algunos que con él trabajaron formando un pequeño equipo se propusieron la tarea de realizar un mapa de nuestra provincia. Para ello se pedía información a los pueblos, y eran, por lo general, los señores curas quienes contestaban como podían a las preguntas que por carta les hacían desde Madrid. Don Tomás López mismo establecía la correspondiente relación epistolar y con frecuencia contestaba a las dudas que se le planteaban a los informadores. También en ocasiones don Tomás López tenía que insistir pidiendo la contestación por cuanto por dejadez o ignorancia no le llegaba la respuesta a su debido tiempo o en la debida forma. Él preguntaba por el número de vecinos, las peculiaridades geográficas como montes y ríos, pastos y sembrados, caminos, edificios notables, etc. ¿Qué podían informar los pueblos pequeños que no tenían cura ni maestros? Poca cosa.

La información sobre Santa Marta está dada desde el pueblo de Calvarrasa de Arriba y, además, se repite algo desde Carbajosa de la Sagrada. Esto es lo que se encuentra escrito:

> Esta corta población [Santa Marta] consta de doce casas e igual número de vecinos. Se mira (= se encuentra) declinando al occidente legua y media de este de Calvarrasa, y media legua larga del puente de Salamanca. La baña el río Tormes cuando crece hasta tocar sus aguas las murallas de su parroquial iglesia, aneja al beneficio de Carbajosa de la Sagrada, distante de este lugar media legua hacia la parte del mediodía. En dicho Santa Marta hay una bien pertrechada aceña o molino de agua. Pasado el río entre dos brazos de agua tiene un mediano soto o isla con abundante caza de conejos[86].

En otro apartado se vuelve a decir:

> El lugar de Santa Marta dista de este de Calvarrasa legua y media, hacia el norte. Tiene 30 vecinos, [y] el lugar de Carbajosa tiene 40 vecinos.- Hay una hierba que se llama gualdra, muy especial para teñir de pajiza la ropa. Ángel Sánchez.

---

[86]   Informe manuscrito del pueblo de Calvarrasa de Arriba. Archivo de la Diputación de Salamanca.

Y finalmente en un tercer apunte se lee:

> Carbajosa tiene por anejo [religioso] el sobredicho Santa Marta. Esta [aldea] tiene a Salamanca al occidente, distante media legua. en esta corta distancia se encuentra en el camino una ermita que llaman[87].

Se ha comentado en más de una ocasión que el mapa de Tomás López contiene algún que otro error, que a veces pueden ser debidos a una mala información. Aquí aparece una equivocación en los apuntes que le enviaron. En una de las descripciones de Santa Marta, se dice que son doce las casas y los vecinos. Pero la otra descripción da 30 vecinos, y resulta ya más acertada. Pero el referido mapa de Tomás López como representación geográfica contiene también muchos aciertos. Así, por ejemplo, en espacio de Santa Marta y su entorno, se observa una llanura y se sugieren algunas leves alturas. Esa información, que no se ve precisada en los escritos de los pueblos cercanos, debió de llegarle por otros conductos. Sea como fuere, en la presentación del terreno que hace el mapa de don Tomás López, se aprecia bastante acierto con la realidad, así como en la situación de los pueblos y alquerías. Para dar esta situación, se valían del método de triangulación, desde luego trabajoso, pero fue eficiente para aquella época.

7.11. Santa Marta según el Censo de Floridablanca de 1787

El censo de Floridablanca, ministro de Carlos III, publicado en 1887, es un documento que atiende esencialmente a la demografía, su distribución por edades y sus trabajos. Respecto de Santa Marta no es mucho lo que aporta. He aquí los datos:

Tabla 10. Vecinos y habitantes según el Censo de Floridablanca

Pueblo o núcleo	Vecinos	sacerdotes	viudas	habitantes
Santa Marta	25	0	7	97
La Pinilla	3	0	0	20
Carbajosa de la Sagrada	36	1	7	145
Calvarrasa de Abajo	89	1	15	322
Calvarrasa de Arriba	77	1	19	281
Machacón	70	1	10	292
Pelabravo	30	1	3	122
Pelagarcía	1	0	0	6

Fuente: Realización propia.

---

[87]   No se dijo el nombre de tal ermita, así pues no hay manera de saber qué advocación tenía.

Treinta años después del vecindario de 1747, este documento, que es llamado «censo» de Floridablanca, permite una nueva comparación de la demografía de la zona. Observamos en él que los despoblados se confirman y que también los pueblos pequeños siguen mostrando su reducido número de vecindario y de habitantes. De este grupo de ocho núcleos, dos, la Pinilla y Pelagarcía, se van a aquedar en despoblados. Los seis restantes seguirán adelante. Pero véase que en ese momento Santa Marta es el de menor población de todos ellos.

No se aprecian de ningún modo epidemias, hambre ni pobreza, que estuvieron tan extendidas en esta época de fin del siglo XVIII y originaron muertes y emigración. No se aprecia tampoco un crecimiento demográfico que hubiera que buscarlo, por ejemplo, en los nuevos cultivos, en las patatas, en el maíz y en los fréjoles, que se iban introduciendo en otros pueblos, que poco a poco sirvieron para paliar el hambre de las masas y que también generaron algunos problemas con relación al pago de diezmos. Por ejemplo, en varias poblaciones no pagaban diezmo por la producción de patatas, y, al ser reclamado, dio lugar a procesos judiciales.

7.12. UNA INFORMACIÓN PARROQUIAL DE 1793

Esta información la dejó escrita el cura de Carbajosa de la Sagrada, cuya parroquia era matriz del anejo religioso de Santa Marta. Va firmada por don Manuel Joaquín Michelena, que sobrevivió a la guerra de la Independencia y en años posteriores estaba al frente de la parroquia de Cabrerizos. Fue uno de los curas más valiosos de los que había en pueblos cercanos a Salamanca. Su escrito tiene algún valor por la general falta de otras noticias del momento. La nota es muy clara y resumidamente dice:

> Pasé a registrar los libros primeramente los libros de bautizados de ambos lugares y en el quinquenio de 1779 a 1783 inclusive hubo en ambos 60 bautizos. Después registré los libros de velados y casado de ambos lugares y encontré en ambos lugares hubo 12 bodas. Y últimamente pase a ver las partidas de los difuntos, y hallé 23 partidas, pero no están puestas las de párvulos Por cada difunto cobra el cura 27 reales y una libra de pan, si se cantan tres oficios, siendo pudientes, que 9 de ellos no tuvieron más que un oficio por ser pobres. Los responsos se reducen a tres o cuatro cuartos, en cada uno de los pueblos, sin que lleven pan, que éste no se lleva cuando no hay obligación. Lasa parroquial que tienen propiedad del beneficiado no merecía más de 50 reales de renta, pero tienen tantas cargas por todos los reparos que tiene que costear los beneficiados que si no fueran de su propiedad sería lo mejor.

De manera que, atendiendo a los habitantes de cada pueblo: 97 Santa Marta y 145 de Carbajosa, los datos han de dividirse proporcionalmente entre 97 de uno y ciento cuarenta y cinco de otro. Por tanto, de los 30 bautizos en 5 años sale cada año a 6 bautizos. Hecho el reparto, resulta que para Santa Marta Tocan 2,4 bautizos cada año, y para Cabajosa, 3,60. En consecuencia, la tasa anual de nacimientos en Santa Marta en de 2,4 %, que equivale a 24 por mil. Esto es una tasa alta para nuestros días, pero entonces no era sumamente alta. Los 12 matrimonios de cinco años dan 2,4 matrimonios por año, y, hecho el reparto, tocaría para Santa Marta 0,96 matrimonios (redondeado en 1) cada año frente al 1,44 (redondeado en 1,5 de Carbajosa). Con lo que la tasa matrimonial al año en Santa Marta es de 1 %, que equivalía a 10 por mil, que no era baja. De las 23 defunciones de adultos tocarían cada año 4,6 fallecidos, y, hecho el reparto proporcional, da una media anual de 1,84 en Santa Marta, con tasa del 1,8 % anual y 18 por mil, y 2,76 difuntos por año en Carbajosa. En ambos pueblos la diferencia entre tasa de natalidad y de mortalidad deja a esta última por debajo de la primera, luego tenía que haber un crecimiento vegetativo. Por supuesto que las cuentas precedentes son hechas teóricamente, la realidad pudo ser muy diferente.

De los datos de los funerales se deja ver que mueren cuatro o cinco pobres, en total de fallecidos, que vienen siendo un pobre por año, frente a 2,4 por año los que pudieron pagar los gastos de entierro y funeral de tres oficios.

Estas cuentas que presenta el cura, y lo que añade de la corta recaudación de responsos y de las rentas de las casas de cada uno de los beneficios, vienen a demostrar la existencia de pobreza general para el grueso de la población. Unos cortos ingresos cuya característica también alcanza a los curas.

VIII. SANTA MARTA EN EL PRIMER
TERCIO DEL SIGLO XIX

8.1. GUERRA CONTRA PORTUGAL

Se iniciaba el siglo XIX con una guerra que sucedió en el reinado de Carlos IV, en 1801. Hecha la paz con Francia, y según los tratados de Madrid y de Aranjuez, Napoleón, que quería obligar a Portugal a cerrar sus puertos a los británicos, logró que España, juntamente con Francia, declarara la guerra a Portugal, y quiso invadir el país lusitano para no permitir que este comerciara con Inglaterra. Como consecuencia, llegaron a Salamanca miles de soldados franceses. Salamanca respondió a esta llegada facilitándoles alojamientos, suministros y realizando fiestas como corridas de toros. Según las actas del consistorio salmantino, se mandó que «se formen cuarteles provisionales en los colegios de Cuenca y de San Cayetano, en la Casa de la Galera Antigua, en la casa de Huérfanos y en los cuarteles viejos de la calle de Toro y otros edificios desocupados»[88].

Es presumible que los ejércitos franceses llegasen a Salamanca desde Valladolid, Medina del Campo o Madrid, lo que deja a Santa Marta fuera de su camino. Pero también es presumible que desde Salamanca se reclamase a Santa Marta y otros pueblos cercanos trigo, cebada, vino y otras cosas necesarias como provisiones, con lo cual se movía el comercio. Igualmente es presumible que las gentes de Santa Marta se acercasen a la ciudad a ver a las tropas y a participar en alguna de las fiestas. Pero de todo esto no he hallado referencia documental. Queda dicho en hipótesis.

Más cierto es que a comienzos del siglo XIX, y concretamente en 1803, hubo una época de mucha dificultad por la climatología adversa y el hambre hizo estragos en muchos lugares. La reparación del puente de Salamanca costó la cantidad de 238.780 reales y, para agenciar esta cantidad, se hizo un reparto a los pueblos. Por consiguiente, algo de esto le tocó pagar a Santa Marta. A pesar de todo, ese año se

---

[88] Actas del, año 1801, signatura 3063/186 AMSA. Añadía el acta que se hablase con el señor obispo para que ordenase que todos los conventos de hombres se pudieran franquear para que se dispusiese de lugares cómodos.

casó el príncipe Fernando VII y Salamanca hizo fiestas especiales. Y en septiembre se autorizaron tres corridas de toros. Es de suponer que los vecinos de Santa Marta disfrutarían de ellas.

8.2. La guerra de la Independencia y sus primeras consecuencias

En la primera mitad del siglo XIX es un hecho muy destacado la guerra de la Independencia, y con ella el paso por el término de Santa Marta de Tormes de las tropas napoleónicas y, en menor medida, el tránsito de las tropas aliadas, incluyendo entre ellas las españolas. Las tropas en general causaron unos destrozos enormes que vamos a recordar seguidamente. También hay que atender a las reclamaciones que se originaron. Pero los efectos de la guerra, lejos de terminar en 1814, perduraron durante mucho tiempo, porque gentes tuvieron en su mente este desastre durante muchas décadas, y porque aún a mediados del siglo XIX había pueblos que reclamaban el importe de los suministros hechos durante los seis años de la guerra.

La guerra de la Independencia comenzó en mayo de 1808, aunque en Salamanca el movimiento de alistamiento y el formar batallones de tropas ocupa el verano de ese año. En 1808 aún no habían llegado a Salamanca todos los males que la guerra traía consigo. La dureza de los acontecimientos se dejó sentir gravemente a partir de 1809, cuando los franceses ocuparon Salamanca. Como en otros pueblos, también aquí, en Santa Marta de Tormes, tuvieron que alistarse los jóvenes de 18 años hasta los 40. Prontamente empezaron a ser exigidos suministros ya para las tropas españolas, ya para francesas. De momento, no consta cuántos suministros entregó este pueblo ni en cuánto fueron valorados. Pero es cierto que desde Salamanca se pedía a los pueblos una especie de contribución especial o de guerra, lo que se hacía atendiendo a los encabezamientos que se tenían en la Contaduría de Hacienda o a la valoración de la riqueza de los pueblos que hacían algunos comisionados.

Entraron los franceses en Salamanca capital en 1809 y, lógicamente, grupos de sus tropas recorrían los núcleos cercanos no solo pretextando perseguir y castigar a los naturales no sumisos, sino también para saquear y aprovisionarse de trigo, forraje y otras cosas. En este contexto, el testamento realizado en 1809 por el cura de Santa Marta, don Mateo Carpintero[89], demuestra cómo los franceses se metieron con él hasta dejarlo medio muerto. Por suerte, no murió, y lo encontramos de nuevo en 1817 siendo beneficiado de Cabrerizos. Fue uno de los clérigos valientes del momento, y, además, parece que demostró más valía intelectual que algunos de

---

[89] Protocolo Notarial 4300 folio 20, año 1809. AHPSA.

su misma profesión que servían otras parroquias. También sufrió mucho el cura de Carbajosa de la Sagrada, don Joaquín Michelena, que fue golpeado y maltratado.

En Santa Marta en 1809 e incluso en el siguiente año quedaron registrados otros hechos de poco calado, pero que dejan ver cómo la vida del pueblo seguía como la de una pequeña aldea sin grandes complicaciones.

8.3. UN PROBLEMA ENTRE AGRICULTORES Y PASTORES

Un problema local sucedió en 1810 y 1811, durante la propia guerra de la Independencia, lo que demuestra que, a pesar del tremendo conflicto bélico o precisamente por empeorar la economía, cada uno iba a lo suyo. Y pasó entre los vecinos de Santa Marta lo que era normal, y algo semejante a lo que podía haber sucedido en diferentes pueblos: una discusión entre un par de propietarios de cabras y con un reducido grupo de agricultores. Existía en Santa Marta la costumbre antigua de que los pastos de las veras de los caminos y algunos otros comunes del pueblo podían ser aprovechados por los ganados del vecindario hasta el día de san Juan en junio. Parece ser que los agricultores se veían perjudicados, porque las cabras, al pasar por los caminos entre los sembrados, también dañaban a los panes. Los alcaldes de aquel momento y varios agricultores se opusieron a tal aprovechamiento. Los pastores de cabras denunciaron el caso, que pasó en segunda instancia a Salamanca:

> Nosotros Francisco Cubino y Matías Marcos, alcaldes de Santa Marta, por nosotros mismos y a nombre de José Santos, José Marcos, Santiago Marcos José Boyero y Francisco, todos vecinos y labradores de este pueblo damos todo nuestro poder a Ventura Hernández, procurador de causas de esta ciudad para que se oponga a la pretensión de Juan y Lázaro Fernández vecinos del citado lugar que nos ha denunciado alegando que le impedimos entrar con su ganado cabrío a pastar por los panes y los pastos comunes[90].

En Salamanca recayó auto definitivo negativo para los demandantes, pero estos apelaron y el proceso pasó a la Cancillería de Valladolid. Así las cosas, en noviembre de 1811, José Boyero se retiró del proceso alegando que efectivamente había una costumbre inmemorial de autorizar tales pastos, que él, hombre rústico no conocía, y que se retiraba porque los procesos judiciales siempre ocasionan gastos[91]. No sabemos el final del caso, pero ante la guerra, el cierre y el posible traslado de la Chancillería de Valladolid a otros sitios, probablemente todo se olvidaría.

---

[90] P. N. 3159; a 31 de mayo de 1811 AHPSA.

[91] P. N. 4300 folio 4 con fechas 8 de mayo y 29 de mayo de 1810 y folio 94 con fecha 1 de septiembre de 1811. AHPSA.

8.4. La guerra llega a Santa Marta. Paso de tropas por los vados de este pueblo. Batalla de Arapiles el 22 de julio de 1812

Es obvio que a Santa Marta le tocó vivir muy de cerca la batalla de Arapiles, porque el campo de batalla está muy próximo al pueblo y el paso de tropas por el pueblo previo a la batalla fue continuo, igualmente por la estancia de tropas en su término, así como también porque parte de los aliados acamparon en el término de la Pinilla, desde donde partía un sendero que unía a Santa Marta con la Pinilla. Este despoblado también limitaba con Gargabete de Arriba y de Abajo, sitios en que igualmente estuvieron las tropas aliadas, además de ocupar señaladamente Calvarrasa de Arriba. Antes de llegar a la proximidad de los Arapiles, parte del ejército de Wellington paró junto a las casas de la Pinilla. Eso lo deja ver un poder dado por José Benito, vecino de la Pinilla, que expone que en su casa se alojó el duque de Wellington y que su casa fue hecha hospital de sangre durante la batalla[92]. Por tanto, aunque no se hubiera dicho expresamente, que de hecho sí se expuso, Santa Marta de Tormes estuvo al lado de la línea de combate, y cabe suponer que su vecindario viviría el día precedente, el día de la batalla y los siguientes días en un estado de continua alarma y que sus vecinos lo pasarían con el lógico miedo de perecer y se esconderían cuanto pudieron o se ocuparían de prestar la ayuda posible a cuantos luchaban por la «buena causa». Extraña, pues, que no hallemos personas de su vecindario muertas, ni despojos exagerados de sus bienes.

Aunque esta batalla ha sido muy estudiada, es muy poco lo que se cuenta respecto al pueblo de Santa Marta. Contendían en esta guerra el ejército aliado de los anglo-portugueses y españoles por un lado, y, por otro, los ejércitos franceses. Los ejércitos rivales se disputaban el paso por el puente de Salamanca, que tenía sus puertas bien herradas. El Tormes era un río caudaloso, y ancho, y además presentaba unas dificultades que solo conocían los naturales de Salamanca y sus cercanías. Una era la existencia de pocos en el álveo o lecho del río por haberse sacado arena desde hacía tiempo, y haberse producido esos pozos de más profundidad debido a la corriente del propio río. Otra dificultad añadida provenía de la retención de caudal en numerosas aceñas, que si en verano hacían más fácil el paso del río a pie, en épocas lluviosas lo dificultaban, y finalmente estaban las avenidas de río muy frecuentes con ocasión de tormentas y de temporales. Así las cosas, nada extraña que, cuando un ejército necesitaba pasar de una orilla a otra del Tormes, si no podía hacerlo por el puente de la capital, buscase un sitio inmediato por donde cruzarlo. Ese sitio lo ofrecía claramente Santa Marta. Para más conocimientos había una aceña denominada del Vado, y otros vados señalados junto al pueblo de Santa Marta. Estos pasos

---

[92] P. N. 4066. Folios 51 y 52. AHPSA.

resultaban aún más fáciles de realizar por la existencia dentro del cauce de unas pequeñas islas que dividían las aguas.

Esas circunstancias geográficas fueron un factor importante para convertir este lugar en un escenario bélico. La zona de tránsito, acampada e incluso combate de los ejércitos es siempre perjudicial para los que vivan en tal escenario. Los franceses por muchos de los lugares por donde pasaron fueron causando destrucción, ruina y dejaban sin resarcir al vecindario de los destrozos causados, incluso incendios. Los anglo-lusitanos no procedían igual, y por suerte prometían satisfacer los daños. Entre los varias informaciones de este paso por Santa Marta, se halla la siguiente:

> A las seis de la tarde del día 21 de julio de 1812, comenzaron a pasar por el puente[93] de Santa Marta los soldados de Welington y por los vados de Huerta los soldados de Marmont, excepto una división inglesa, la tercera a los órdenes de Pakenham y la caballería portuguesa del general D'Urban que habían quedado en la orilla derecha observando en Cabrerizos el cuerpo de tropas francesas del general Bonet; todas las demás fuerzas del Duque [Wellington] tomaron posición en la orilla izquierda del Tormes y cerca del Vado de Santa Marta, destacando de esta ala un cuerpo de caballería[94].

Por Santa Marta pasaron reiteradas veces los ejércitos ya españoles, ya franceses, ya los aliados, dirigidos por lord Wellington. Si se lleva prisa en la marcha, puede ocurrir que en el lugar no se cause tanto daño como si se queda un regimiento o una división de acampada. Tras una batalla, puede haber contraataques, persecuciones o últimos coletazos por una parte de los beligerantes o por ambos bandos combatientes.

8.5. Último paso de tropas: los aliados van tras los franceses

Después de la batalla de Arapiles, la guerra continuó. En muchos pueblos pudieron recoger la cosecha de granos durante el verano. En Santa Marta habría muy poco o nada que recoger, porque las fincas habían quedado destrozadas. Por si esto era poco, los franceses, en noviembre de 1812, regresaron con gran furia y volvieron a ocupar Salamanca y otras poblaciones como Alba de Tormes, y desde la capital presionaron férreamente a los pueblos y los habitantes de esta provincia. Era, por tanto, necesario acabar con el dominio extranjero y echarlos fuera. La nueva acometida por los aliados contra los franceses también fue dirigida por Wellington e igualmente en esta ocasión Santa Marta fue lugar señalado de modo especial. Así lo narra un periódico de la época, *El Redactor General*, que dice:

---

[93] No debe haber confusión ni error. Probablemente Wellington mandó construir una pasarela con maderas y quizá también con carros para así agilizar el paso de sus tropas.

[94] *Correspondencia de España*, 4 de agosto de 1912.

> Cuartel general del Estado Aliado: Había (=hacía) ya algunos días que el ala izquierda del ejército caminaba a su destino, cuando el 22 de mayo [de 1813] se pusieron en movimiento el Centro y la Derecha [del ejército aliado] y salió de La Fregeneda el cuartel general del Duque de Ciudad Rodrigo, habiéndole precedido el general Castaños. Luego que el 26 [de mayo] avistaron los franceses [a] nuestras avanzadas, evacuaron la ciudad [de Salamanca], dejando cerradas las puertas, que los paisanos abrieron por sí mismos, presenciándolo aún los enemigos. Pero habiéndose éstos (los franceses) detenido en las alturas contiguas, dieron lugar a que el general Fane, con la brigada de caballería de su mando, pasase el Tormes por el Vado de Santa Marta, y el general Víctor Altén con la suya por el puente. Con estas fuerzas se estrechó y persiguió el enemigo hasta las inmediaciones de Huerta, habiéndole causado bastante pérdida en muertos, heridos y prisioneros, de los que cogieron más de 200, con 7 carros de municiones, algunos equipajes y provisiones[95].

El texto referido es largo, pero deja claro que por Santa Marta pasaron tanto los franceses como los anglo-hispanos, que iban en su persecución, hasta llegar a Huerta, con lo cual se puede considerar que en el recorrido las vanguardias de los perseguidores y la retaguardia de los perseguidos tendrían alguna refriega en el territorio de Santa Marta.

El general en jefe de los aliados, Wellington, dejaba un escrito o daba unas letras que sirvieran para luego satisfacer una parte de lo consumido o destrozado en los pueblos, aunque no fuera el valor total del daño causado. Por tanto, ya por pasar el río, ya por la estancia de las tropas en las inmediaciones del pueblo en plena época de recolección, los trastornos originados por la guerra fueron muy significativos. Vamos a ir viéndolos atendiendo a lo que pidieron unos propietarios y a lo que reclamaba el concejo. Entre los propietarios podemos detenernos en dos personajes, y luego en los labradores en general y en el concejo del pueblo.

8.6. Consecuencias inmediatas de guerra: Valoración de los destrozos y problemas para resarcirse de las pérdidas

Conocemos muy poco sobre jóvenes incorporados a las tropas, podemos suponer que uno o dos cada año, pero quedándonos muy bajos. Por el momento no he dado con documentación sobre suministros para las tropas nacionales ni para las francesas. Tampoco se ve especificada la venta de propiedades concejiles, cosa que en muchos lugares se hizo con la finalidad de obtener dinero con que pagar las contribuciones exigidas por las autoridades francesas cuando Salamanca estuvo dominada por los franceses. Pero ciertamente en Santa Marta se experimentaría algo muy semejante a lo que sucedió en todos los pueblos de la provincia. Sin embargo, sí hay

---

[95] *Redactor General* n.º 731, con fecha 15 de junio de 1813.

alguna documentación sobre dos problemas específicos: el paso y el acantonamiento de tropas.

La valoración de los daños y perjuicios recibidos por la guerra la hacen saber un grupo importante de vecinos, dentro del corto número de ellos que constituían la población. También lo justifican los sexmeros del cuarto de Peña de Rey. Igualmente el deterioro se trasluce en los escritos publicados sobre la mencionada guerra, aunque no digan expresamente el nombre de Santa Marta. También aportan datos un par de personajes, precisamente por las reclamaciones que formulan respecto de los daños sufridos. Vamos a ver varias de estas exposiciones personales.

A) Daños recibidos por don José Francisco de Arriaga

Don José Francisco era licenciado y administrador de un señor llamado don Joaquín. En 1818 aparece siendo apoderado del marqués de Villaverde. Aquí Francisco de Arriaga resultó ser un claro y significativo ejemplo de persona damnificada por la guerra. Según él mismo expone, siendo un hombre hacendado y rico, estando en su progreso y en venturosa ocasión, por los males de la próxima pasada guerra con la Francia quedó pobre, reducido al mayor desconsuelo en el seno de su tierna familia. Gozaba a la orilla izquierda del Tormes de una singular propiedad, pero las tropas aliadas le talaron una granja, una huerta y una alameda, y le ocasionaron una cerrajina muy grande, cuya valoración alcanzaba una elevada cantidad de reales. Él mismo lo cuenta del siguiente modo:

> En Salamanca a dos días del mes de junio de 1815, pareció: D. José Francisco de Arriaga y dijo que disfrutando en el lugar y término de Santa Marta una cuantiosa hacienda en diferentes heredades y señaladamente en una quinta a la izquierda del río Tormes y a corta distancia del expresado pueblo[96], que contenía muchos y diferentes árboles frutales y un viñedo numeroso así como la industria de un gallinero, que todo le producía considerables intereses para sostener a su familia en el expresado pueblo de Santa Marta, en donde se había retirado unos años antes para descansar y cuidar bien su hacienda con cuyos productos esperaba subsistir más que decentemente en compañía de su mujer y tiernos hijos, según correspondía al estado decoroso con que siempre vivió y se portó en esta dicha ciudad de Salamanca, aconteció que en el año de 1812 el Excmo. Sr. Lord Wellington, duque de Ciudad Rodrigo, intentó formar una fortificación en la expresada quinta por el mes de julio de dicho año, con

---

[96] Ese sitio no ha sido localizado. Sin embargo, en un mapa titulado la «Batalla de Salamanca. a partir de dibujos del mayor Pierrepoint y del capitán Colletón (30-VI-181), incluido en el libro *La Batalla de los Arapiles,* de Nicolás Benet, Caja Duero, Salamanca, 2002 se localiza «la Huerta de Santa Marta» en la zona de las viñas, es decir, hacia el levante del pueblo, proximidad de Naharros. Pudiera ser ese el sitio de la citada quinta.

el justo objeto de hacer frente y contener las fuerzas del enemigo que amenazaban la invasión de la ciudad por aquel punto.

Por este motivo, y según las sabias intenciones y pericia de aquel valeroso jefe, fue destruida y completamente arruinada la expresada quinta, talando todos sus árboles y viñas, desmoronados sus techos, muros y tapias y allanándose todos sus restos por la mansión que [allí] hicieron las tropas del ejército británico.

Considerando el otorgante con fundamento la necesidad de hacer constar los perjuicios particulares a su persona y aunque [son] notoriamente públicos, practicó diligencias judiciales para evidenciarlos jurídicamente. Y en efecto se practicaron informaciones de arquitecto, peritos e informes autorizados de los primeros vecinos del lugar de Santa Marta, cual son la justicia y el párroco de dicho pueblo, resultando de todo que los daños causados al otorgante ascienden a la cantidad de 236.804 reales vellón, sobre cuyo particular y la indemnización en todo o en parte, según con otros habitantes de la provincia se ha hecho, tiene remitidas las indicadas diligencias a la Comisaría general británica establecida en la ciudad de Lisboa del reino de Portugal. Y siendo la necesidad del otorgante cada día más excesiva por la falta de su hacienda, casa y haberes procedida de aquel motivo cuantos de otros acontecimientos de la pasada guerra, se halla obligado por su subsistencia y la crianza de sus pequeños hijos a procurar por los medios posibles el reintegro de la expresada cantidad, implorando al clemencia de la Nación Británica, sus representantes y encargados para el examen de estos negocios[97].

En esta descripción podemos fijarnos en algunos aspectos: Primeramente en cómo él tenía diferentes árboles frutales, lo cual resulta opuesto a lo que se exponía en el Catastro de Ensenada, que se decía que en el término no había ningún árbol frutal. En segundo lugar, expone que fueron talados sus árboles, lo que deja entender que, además de los frutales, había chopos, álamos o árboles de ribera, dada la proximidad del río. Se añade también que se quería impedir el paso por aquel sitio del enemigo y se intentaba hacer una fortificación, para lo cual es de suponer que se pensaba en una especie de empalizada, lógicamente de madera. Como también habla de una viña de numerosas cepas. Por tanto, la reparación no sucede como con una tierra de cereal, que puede sembrarse pasada la refriega, una viña necesita varios años para su plantación y comenzar a dar fruto.

También don Francisco Arriaga señala que poseía la industria de un gallinero que le fue arrasado. Es de alabar esa idea de sacar producción de una ventaja comparativa. Pues dado que una ciudad grande estaba próxima y podía consumir una producción avícola, ¡qué mejor que inclinarse por esta rama de la economía!, rama que él llama industrial. De esta suerte las fuentes de sus ingresos se habían ido diversificando al añadir a lo agrario la producción de las gallinas.

---

[97]   P. N. 5701, año 1816, folio 193. Y también en 5373, año 1816, folio 83. AHPSA.

Don Francisco se había retirado a Santa Marta para vivir con tranquilidad y criar a sus hijos. Se deja entender que previamente había tenido algún otro oficio, y puesto que su apellido indica procedencia vasca, es adecuado suponer que él o sus padres habían inmigrado hasta Salamanca[98].

B) Daños recibidos por don Fernando Muñiz

Uno de los dueños de Carpihuelo, suponemos que fuera el mayor propietario, también hizo reclamación para ser indemnizado de los daños causados por la guerra de la Independencia. Esta reclamación sirve de segundo ejemplo de persona concreta grandemente perjudicada por la guerra de la Independencia, que fue don Fernando Muñiz.

Este señor fue regidor perpetuo de la ciudad de Salamanca. Todo indica que fue descendiente de don Manuel Muñiz, personaje que ya hemos visto que era el propietario del término de la alquería de Carpihuelo a mediados del siglo XVIII. Don Fernando Muñiz, vecino que a la sazón era de Carbajosa de la Sagrada, reclamaba una recompensa por los daños experimentados en su finca de Carpihuelo por causa de la guerra. Y surgió un conflicto con los vecinos de Santa Marta. Mientras el litigio se resolvía, murió don Fernando Muñiz. De ahí que en el mencionado reparto del dinero aportado por Inglaterra querían entrar las tres hijas herederas de don Fernando, casadas según se ve en el siguiente esquema:

Fernando Muñiz ♀ Nicolasa Osorio
↓ ↓
Anastasia ♀ Dr. Joaquín Peiró; Martina ♀ D. Juan Gutiérrez;
Margarita ♀ Tomás Montero

En la denominación de este señor, don Fernando Muñiz, encontramos dos cuestiones llamativas: una, el «don», que deja entender riqueza, otra, el apellido «Muñiz», que volveremos a encontrar más adelante en los nombres de don Vicente Muñiz, y también por ser su hijo otro Vicente Muñiz. Por consiguiente, nos queda una duda, la del parentesco de las citadas señoras y la de estos últimos. En 1828 doña Margarita Muñiz, viuda de Tomás Montero[99], era vecina de Calvarrasa de Abajo,

---

[98] No sabemos, de momento, si uno de sus hijos fue don Fausto María Arriaga, gobernador civil de Salamanca a mediados del XIX, pero su apellido hace suponerlo. Se casó en 1857 en la parroquia de San Martín con Martina del Arco.

[99] No mucho tiempo después, en los años cuarenta de siglo XIX, este señor también vendió el referido oficio. Todo ello dificulta encontrar probables datos sobre Margarita Muñiz.

donde poseía casa, bodega y pajares, y vendió un oficio de escribano a don Andrés Rodríguez Guerrero, por 13.000 reales. Y doña Anastasia era vecina del Olmo[100] en 1842. Pues efectivamente, sus tres hijas fueron casadas con personas distinguidas[101].

C) Daños recibidos por el concejo de Santa Marta y varios vecinos labradores de este pueblo

Como una más de las consecuencias de la guerra de la Independencia fue dejar muy perjudicados a muchos de los vecinos del pueblo, estos, lógicamente, perduran unidos en la desgracia, especialmente para reclamar la indemnización que por mediación de un comisario británico se estaba dando en Madrid y, sobre todo, en Lisboa. Allí envían los perjudicados a un apoderado que reciba la cantidad que según tasación de los daños recibidos les corresponde a los pueblos afectados. Este enviado recibía una remuneración por su viaje y gestión. En el mejor de los casos se conseguía el dinero o alguna letra, que posteriormente se convierta en dinero, para ser repartido proporcionalmente entre todos los interesados. Y en ese reparto es donde surgen los problemas, como sucedió en Santa Marta. Informan de ello varios poderes dados en 1814 y 1815 por la reclamación que efectuaron los perjudicados de Carpihuelo. Transcribo un par de esos poderes para ver quiénes eran los interesados en el reparto. Primero el poder de los de Carpihuelo, pues en él se expresa la cantidad que repartir. Dice así:

> En Salamanca a 19 de abril de 1814, ante mí el escribano comparecieron doña Nicolasa Osorio, viuda de Don Fernando Muñiz, regidor perpetuo de la ciudad de Salamanca; el doctor don Joaquín Peiró, como marido de doña Anastasia Muñiz; don Juan Gutiérrez, vecino del lugar de Carbajosa de la Sagrada, en representación de su conjunta doña Martina Martín; y doña Margarita Muñiz, viuda, vecina de esta propia ciudad, todas tres hijas y herederas de don Fernando Muñiz y dijeron:
>
>> Que por los susodichos Peiró y Gutiérrez, en nombre de todos ellos, se pidió el 31 de marzo y [se] ganó despacho cometido al alguacil para que pasando al lugar de Santa Marta requiriese al su alcalde y a Matías Marcos de aquella vecindad para que incontinente trajeran y presentaran a disposición de este tribunal de Primera Instancia el importe de una letra de 54.603 reales y medio, que dio el señor comisario general británico en favor en favor de Pedro Romo para los pueblos de Santa Marta y Carpihuelo, por los daños y forrajes que las tropas británicas en uno y otro en el año pasado de 1812.

---

[100]   Según el P. N 7118, Anastasia era vecina del Olmo en el año. AHPSA.

[101]   Este caso sirve para recordar aquel romance popular que decía: *Un rey tenía tres hijas: / La mayor doña Constanza, / en medio doña Lucía / y la niña más pequeña /que llamaban Rosalía.* Con lo que, imitando esa composición, se puede decir: Fernando Muñiz tenía / en su gran casa tres hijas: / La mayor, era Nastasia/ la mediana era Martina/, y a la niña más pequeña/ la llamaban Margarita. ¡Son tres ricas herederas!, / ya las vemos casaditas.

Y cuando los citados alcalde y Matías Marcos la habían de haber distribuido entre los vecinos de Santa Marta y los expresados [comparecientes] sin contar para nada con éstos, osaron repartirse entre sí el dinero en que la beneficiaron (a la letra) con una pérdida considerable)[102].

El segundo poder se otorgó nueve días después del anterior. Fue dado por el concejo y los labradores de Santa Marta, que ya tendrían en su poder el dinero de la citada letra y se encuentran que para el reparto de cantidades ha salido uno más que los ha demandado. Dice así:

> En el lugar de Santa Marta, jurisdicción de la ciudad de Salamanca, a 28 de abril de 1814, juntos y congregados los labradores y demás interesados en el sembrado de este pueblo en el año pasado de 1812, y convocados a son de campana como se tiene de costumbre para tratar en los asuntos relativos a su bienestar y del público, cuyos labradores y vecinos de Santa Marta, prestando voz y caución para los asuntos fueron:
>
> > Santiago Marcos, mayor; Francisco Marcos, mayor; Cándido Santos; Juan Fernández; Roque Muñoz; María Ramos, viuda; Josef Marcos, menor; Matías Roldán, y Antonio Sánchez; Francisco Boyero; y Joseph Marcos, mayor. Y así los sobredichos reunidos unánimemente acordaron el apoderar, como en efecto apoderaron por el tenor de la presente, a Matías Marcos, uno de los dichos labradores e interesado en los dichos sembrados, para que, pasando a la ciudad de Salamanca, se oponga en forma a las injustas solicitudes de don Juan Gutiérrez.

Y continúan explicando que es un dinero concedido por el follaje que las tropas británicas consumieron y desbarataron en el referido lugar de Santa Marta en el año pasado de 1812, según el sentido de la letra concedida por dicho señor Comisario General. Cuyo poder así todos como cada uno de nosotros damos y conferimos en toda forma al referido Matías Marcos[103]. No consta cómo terminó el proceso. Y como no hemos visto más menciones sobre el caso, podemos pensar que lograrían entenderse las partes litigantes y llegar a un acuerdo[104].

8.7. SANTA MARTA DESDE 1814 A 1820, ÉPOCA DE ABSOLUTISMO DE FERNANDO VII

Las reclamaciones de los damnificados por la guerra por muchos pueblos salmantinos, por los arrieros de víveres y por los proveedores del ejército

---

[102] P. N. 3853, folio 215. AHPSA.

[103] P. N. 3853, folio 224 Seguidamente a este poder viene otro documento en el que Matías Marcos sustituyó el poder que tenía concedido en don Ventura Martín Hernández, procurador de causas del número de Salamanca. Fueron testigos Toribio Benavente y Tomas de Almeida.

[104] Suposición que solo tiene como argumento que los labradores se conformarían con algún dinero que recibieran para evitar más gastos de pleitos, pues probablemente pensarían que los poderosos tenían más posibilidad de obtener una sentencia a su favor.

continuaron realizándose fundamentalmente en 1815 y 1816. Las reclamaciones de los pueblos no se terminaron en un par de años, sino que volvieron a formalizarse por diferentes pueblos en el trienio liberal. Se dieron problemas derivados del cobro y reparto, en unos casos, por el cobro excesivo de un tanto por ciento de los gestores de esas indemnizaciones, en otros, por la picaresca de una tramposa distribución de lo percibido con destino a un grupo específico, a veces por la pérdida de recibos y por comisiones a quienes fueron hasta Lisboa. Es decir, que lo de Santa Marta con Carpihuelo fue un caso más de los muchos que ocurrieron. De esta suerte fue notándose de nuevo en muchos pueblos y personas el deseo de volver a la situación anterior, a los seis años de guerra y a las costumbres tradicionales.

No es mucho lo que queda documentado de Santa Marta en la nueva etapa que dura otros seis años. Encontramos concretamente un poder para hacerse titular de un vínculo sobre propiedades existentes en Santa Marta[105].

Es de suponer que esa reclamación le daría el derecho de gozar de ese vínculo a la reclamante Anaya Boyero. Sea como fuere, no se tardaría muchos años en eliminar los vínculos por la legislación liberal.

En muchas poblaciones se celebró el fin de la guerra y, con ello, la vuelta de Fernando VII mediante corridas de toros y otros festejos. Y en Salamanca también se celebró todo ello. Se contrató el torero más famoso que había entonces, Francisco Herrera Guillén, conocido por Curro Guillén[106], se prepararon todos los tablados de la plaza mayor, estaban ya encerrados los toros y la gente esperando el espectáculo, pero el torero no se presentó. Entre esas personas que estaban en las fiestas es más que posible que hubiera personas de Santa Marta. El archivero de Simancas, don Tomás González Hernández, se atrevió a hacer un poema del caso dejando entrever que venían muchas personas al festejo de fuera de la capital[107] señalando gentes de diversas comarcas. Supongamos que también los de Santa Marta vinieron a los toros de Salamanca y se fueron con las ganas de verlos[108].

---

[105]   *En la villa de Alba, a 23 de septiembre de 1817, ante mí el escribano… parecieron presentes Dionisio Sánchez y su mujer Ana Boyero. Y (Dionisio) dijo que por Félix Boyero, vecino de Muelas, de la misma jurisdicción, se trataba de quitar a Ana de la acción y del derecho que tiene al vínculo que ha quedado sin protección por la muerte de Petronila González, madre de los dos, queriendo, e intentando que se le dé posesión real ordinaria vel quasi, como heredero primero y mayor hermano.*

[106]   Nació en Utrera en 1775, y, cogido por un toro en abril de 1820 en la plaza de toros de Ronda, murió a los 45 años de edad.

[107]   Claro que, para que rimase el verso con 'salmantinos', puso peñarandinos, como ejemplo de los muchos que acudieron.

[108]   Salamanca celebró la corrida días más tarde, y contrató a otros toreros.

8.8. Santa Marta durante el Trienio Liberal 1820-1823

Tras la extensión del movimiento revolucionario de Rafael Riego, y una vez que, en marzo de 1820, Fernando VII juro la Constitución de 1812, comenzó un período de democracia incipiente. Los habitantes de Santa Marta seguirían prácticamente los mismos dictados que la capital, que, entre otras cosas, recomendaba a los absolutistas pasar a estar retirados de toda acción política, pues, si alguno daba la cara, podían obligarlo a aceptar el sistema constitucional, tomando aquella consigna de «trágala servilón». Comienzan a funcionar de nuevo los tribunales con un juez de letras desde la primera instancia, y, por tanto, algunas personas con pleito pendiente pusieron esperanza de ver alguna sentencia favorable. También en los pueblos volvió la esperanza de cobrar, tras la reclamación oportuna, los costes de los suministros hechos en la pasada guerra.

Uno de los hechos de más repercusión del Trienio Liberal fue la puesta en marcha de la segunda fase de la desamortización y la consiguiente venta de bienes nacionales, pues se legislaron varias leyes desamortizadoras y desvinculadoras. Por el Decreto de las Cortes Españolas de 9 de agosto de 1820, se dispuso la inmediata venta de todos los bienes nacionales afectos a la extinción de la deuda pública, y dos meses después un nuevo decreto, de fecha 1 de octubre, lleva la reforma al patrimonio del clero regular: en el artículo 1.º se suprimían todos los monasterios de órdenes monacales; y en el artículo 23 se establecía que todos los bienes muebles e inmuebles de los monasterios y conventos que ahora se suprimían se aplicaban al crédito público. Por el Decreto de 12 de octubre de 1820 quedaban libres para poder ser enajenados los bienes que constituían hasta la mitad de cada una de las vinculaciones.

Otro hecho importante fue el restablecimiento de la Diputación Provincial, que se había creado en 1813 y solo había estado en vigor un año, hasta 1814. La Diputación de Salamanca, que se restableció en 1820, se encontró con muchos problemas, pues los tenían la mayoría de las poblaciones. Había robos por diversas cuadrillas, destrozos de caminos por las lluvias y el abandono de años, puentes destruidos, pueblos sin maestro. La actas de la Diputación recogen la reconstrucción del puente de Carpihuelo, que es de suponer que se haría de madera sobre el arroyo del mismo nombre y en el camino que conducía a Carbajosa de la Sagrada.

8.9. Santa Marta en la década ominosa 1823-1833: Juntas de purificación política

Los realistas, ayudados por los llamados Cien mil hijos de san Luis, lograron colocar de nuevo en el trono de España a Fernando VII como rey absoluto. Se inició entonces una etapa política llamada década ominosa, o sea, de diez años de verdadera vergüenza nacional. Se suprimió la milicia nacional, se crearon los voluntarios realistas, a los que se entregaron arma,s y se persiguió a los liberales vigilando su conducta y su vida cotidiana. Se formaron Juntas de Purificación política de los funcionarios públicos, muchos de los cuales tuvieron que presentar sus expedientes de rehabilitación.

Uno de estos casos que sucedió en Salamanca, pero que toca de lleno a Santa Marta (como se verá más adelante), es el de don Julián Martínez Céspedes. A él se le impuso una multa de cien ducados, al parecer un poco arbitrariamente, y fue al mismo tiempo que se le impuso otra multa de igual cuantía a don Esteban Ayuso, abogado, y otra más a don Francisco Mateo, del comercio, en tanto que Pedro Velasco fue desterrado a Ávila. Se les acusaba a todos ellos de que habían estado reunidos en una casa. Y eso políticamente estaba prohibido, pues se sospechaba que podían tramar alguna conspiración. El asunto se halla documentado en dos ocasiones. En una se especifican los sujetos arriba dichos. En otra, don Julián, advirtiendo de la imparcialidad judicial[109] de un proceso que se le ha abierto, otorga un poder en el que dice lo siguiente:

> En esa impurificación [que le atribuyeron] no han podido menos de intervenir las autoridades de esta ciudad, sino que [además] se le ha despojado de la administración de los mayorazgos vacantes, por don Mariano Zapata y Real, a virtud de una orden el Excmo. Sr. Gobernador del Consejo [Supremo de Catilla]. Fue cometida su ejecución al alcalde mayor [de Salamanca], para cuya orden precedieron informes de estas mismas autoridades relativos a su conducta durante la época constitucional. [Don Julián] dijo que no solo ha sido purificado en primera, sino también y en segunda instancia. Por tanto da su poder para que su representante pida que se nombre un juez imparcial y de comisión que revise su trayectoria, y consiga la total absolución de lo que se le ha atribuido[110].

Esto que se ve en este ejemplo de don Julián fue aplicado a otros varios funcionarios. Sucedió que muchos documentos de la época del Trienio Constitucional se destruyeron, aunque la subida a cargos en la siguiente etapa sirvió para premiar a los liberales perseguidos. Y por ese camino se pueden descubrir los que de 1823 a 1833 pasaron silencios. Así pues, si don Julián tuvo alguna tendencia liberal, ello explicaría que, cuando los liberales llegaron al poder en los años treinta, le dieran oportunidad de un buen empleo.

---

[109]   En el P. N. 5933 del AHPSA aparece que es detenido, o al menos investigado, al igual que don Esteban Ayuso, abogado, y otros sujetos, a quienes imponen 100 ducados de multa a don Esteban, que hace su testamento al folio 551, circa del año 1828.

[110]   P. N. 3133, año 1827, folio 108. AHPSA.

8.10. Santa Marta según el Diccionario de S. de Miñano, año 1828, y el Diccionario de una Sociedad Literaria. 1832

Conforme avanza el siglo, se ven varias informaciones de tres diccionarios y del Boletín Oficial de la provincia. Si no queda completa una información continuada año tras año, al menos se pueden obtener noticias de ciertos momentos en que se presentan número de habitantes, y vecindarios, edificios, así como medios de vida, caminos y otros aspectos. El Diccionario de Sebastián de Miñano dice así:

> Santa Marta: «Lugar de España, provincia, partido y obispado de Salamanca, cuarto de Peña de Rey. Alcalde pedáneo. 30 vecinos y 102 habitantes, 1 parroquia. La población está situada a la izquierda del Tormes. Su terreno es llano. Produce granos, véase Alba de Tormes. Linda con Cabrerizos y Otero[111]. Dista de Salamanca capital una legua. Contribuye al erario público con 1.500 reales[112].

Poca es la información que aporta este diccionario. La mejor es la de los habitantes, y siempre es más fiable.

Según el *Diccionario de una Sociedad de Autores [Literarios]*[113] publicado en 1832 respecto de Santa Marta, parece ser que copia algunos datos del Diccionario anterior excepto el número de vecinos y no añade nada de importancia a no ser la distancia de una legua a Salamanca.

DICCIONARIO POR UNA SOCIEDAD LITERARIA

Marta (Santa). Lugar de realengo de España, provincia, partido y obispado de Salamanca, en el cuarto de Peña de Rey. Alcalde pedáneo. Población 102 habitantes. Situación en terreno llano, a la izquierda del Tormes. Produce granos. Volumen V, p. 92. Barcelona, 1832.

---

[111] Si ese Otero es el de Nuestra Señora de Otero, localizado entre Calvarrasa de Arriba y Alba de Tormes, hay un claro error.

[112] Diccionario de Sebastián de Miñano, voz Santa Marta, año 1828.

[113] *Diccionario por una Sociedad de Autores [literarios]*, tomo V, página 102 en la página Marta (Santa).

IX. SANTA MARTA EN EL SEGUNDO TERCIO DEL SIGLO XIX

9.1. GUERRA CIVIL: LOS LIBERALES CONTRA LOS SUBLEVADOS CARLISTAS

Muerto Fernando VII en 1833, quedó de regente y gobernadora del reino de España su viuda, María Cristina de Borbón, en nombre de su hija Isabel II, menor de edad, que en Salamanca fue proclamada reina de España el 19 de diciembre de 1833. Con María Cristina se produjo un acercamiento a los liberales, y notorios personajes de este partido entraron en el gobierno. Los absolutistas siguieron al hermano del rey, el pretendiente Carlos, que se oponen a María Cristina y a sus seguidores, y estalla la guerra civil entre liberales y carlistas. Como Salamanca con sus autoridades al frente reconocen la autoridad de María Cristina, la inmensa mayoría de salmantinos siguen a las nuevas autoridades. La guerra se hace dura en los sitios en que llega alguna facción carlista. No consta que en este particular Santa Marta sufriera ninguna acción bélica. Lo que efectivamente le tocaría sería aportar algún dinero para esta y a algunos de sus jóvenes.

También es preciso recordar algunas cosas sabidas. En 1833 se ha realizado una nueva división provincial de España, y en 1834 se establecen los partidos judiciales. La provincia de Salamanca queda administrativamente dividida en ocho partidos judiciales, y Santa Marta queda encuadrada en el partido judicial de la capital. Se suprimen los voluntarios realistas a los que se les recogen las armas y vuelve la milicia nacional, que en sus primeros momentos llaman los urbanos. Se crea igualmente un jefe político provincial y la Diputación Provincial. Las normas más fundamentales, pero también avisos de varios tipos, las proclamas, la narración de las hazañas de los liberales e infinidad de cuestiones quedan expuestas en el Boletín Oficial de la Provincia.

Mediante este boletín se puede seguir de algún modo la historia de los pueblos en lo que toca a la formación de batallones de voluntarios urbanos, a las aportaciones pedidas a los ayuntamientos para diversos fines, a los alistamientos de jóvenes para la guerra, etc.

Seguidamente vemos que, con relación a estas cuestiones, corresponde a la milicia de voluntarios de Santa Marta formar parte del llamado cuarto batallón en la 1.ª compañía. Esta se forma con los voluntarios de Tejares, 29; de Aldeatejada, 10; de Santa Marta, 22; de Carbajosa de la Sagrada, 14; de Pelabravo, 23 y otros de diferentes pueblos cercanos. Alcanzó el batallón en total 1029 hombres, según datos expuestos el 1 de febrero de 1837.

Otra cuestión es que se entiende que ahora ya empieza a funcionar la democracia, pero, como el sufragio era reducido, a la hora de contar los electores no pasaban de cuatro o cinco, de los cuales dos eran labradores y alguno ganadero, pero, al no haber ni cura ni médico domiciliado en el pueblo, el conjunto de electores se reducía considerablemente.

La Diputación, para sufragar obras como arreglo de caminos, necesitaba dinero. En 1837 se piden con relación a los pósitos, no respecto de vecindario, las siguientes cantidades: a Santa Marta 303 reales con 6 maravedís, a Calvarrasa de Arriba 574 reales con 18 maravedís y a Calvarrasa de Abajo 3151 reales con 2 maravedís. Lógicamente estas cantidades no se han pedido con relación al vecindario, sino con relación a los fondos de los pósitos.

Más sacrificio tuvieron que hacer los pueblos a la hora de entregar las cantidades necesarias para sufragar el empréstito de 200 millones, que pidió la Hacienda estatal. A Santa Marta le tocó aportar 4726 reales con 33 maravedís como contribución y 3696 reales con 18 maravedís como subsidio.

En 1834 se produjo en España una epidemia de cólera morbo. En Salamanca se recomienda a sus habitantes una serie de precauciones y se revisan las fuentes.

No fueron pocos los vecinos que temían que la epidemia produjera aquí afectados, y algunos optaron por marchar a otros puntos. Por fortuna, la epidemia tuvo poca incidencia. Pero precisamente por esa época muchos pueblos, entre ellos Santa Marta, cumpliendo una orden del gobierno de la nación comenzaron a tener su cementerio en las afueras del pueblo, en vez de enterrar a los fallecidos en las iglesias.

Dos asuntos más faltan que reseñar que empiezan en los años treinta y continúan en las décadas siguientes: la construcción de la carretera de Madrid y la desamortización de la propiedad, que se analizan seguidamente en varios epígrafes.

9.2. Construcción de la carretera a Madrid, 1845

Previamente al proyecto de la construcción de la carretera de Vigo a Villacastín, la Diputación de Salamanca, que ya había ido realizando varios caminos, como el que llevaba hasta la Fregeneda, estudió realizar otras obras de envergadura como la calzada de Ávila[114] en 1839.

Poco después[115] se comienza a construir la carretera de Vigo a Villacastín. Responde a un proyecto nacional, que implica un presupuesto estatal, pues se trata de una carretera de mayor ancho y de firme más consolidado que los viejos caminos. Por tanto, para que sea más pragmático el procedimiento, se va a dividir todo el trayecto de la carretera de Salamanca a Madrid en tramos y se sacará a subasta cada uno de ellos. Lo que de esa carretera toca a la provincia de Salamanca se estudia por los ingenieros, y sus trabajos se someten al dictamen de la Comisión de Caminos de la Diputación. Una vez aprobadas las obras que comprende el nuevo proyecto de carretera de Salamanca a Madrid, desde la capital hasta el límite provincial con la de Ávila, estas fueron anunciadas en diciembre de 1844.

La subasta de las citadas obras se realizó el 22 de enero de 1845, especificando que las obras darán principio por el pueblo de Santa Marta, incluyendo una serie de condiciones económicas. La primera condición es que estas obras se dividen para el efecto de la subasta en 7 trozos[116]. El primer tramo va desde Salamanca hasta Santa Marta; y el segundo desde Santa Marta hasta Calvarrasa de Abajo. En el contrato del

---

[114]   P. N. 6798, año 1839 don José Ojesto y Puerto estaba dispuesto a prestar a la Diputación Provincial de 50.000 a 60.000 reales para realizar las obras de la calzada a Ávila.

[115]   En junio de 1842 se publican las condiciones generales

[116]   Los tramos numerados son los siguientes 1. Desde el puente de esta ciudad hasta Santa Marta. 2. Desde este pueblo al de Calvarrasa de Abajo. 3. Desde aquí hasta la orilla izquierda del río Tormes y desde su salida al pueblo de Encinas. 4. El puente sobre el río Tormes y sus obras accesorias del río. 5. Desde Encinas a Ventosa. 6. Desde Ventosa a Peñaranda. 7. Desde esta villa hasta el límite de la provincia. Estos tramos están referidos en el P. N. 5246, folio 11, con fecha 22 de diciembre de 1845.

primer trozo, las obras de explanación del trozo se remataron en Benigno Hernández, por 59.500 reales, pero luego este señor lo traspasó[117] a Manuel Castro el 4 de marzo de 1845.

Siempre gozar de una buena comunicación es beneficioso para las poblaciones. La carretera que se va a llamar de Madrid, además de proporcionar trabajo a obreros de Santa Marta, comienza a ser un factor influyente en la economía local. Les va a ahorrar tiempo en llegar del pueblo a la ciudad, y van a ser bastantes más las personas que desde la capital vayan al pueblo. Lógicamente esa repercusión no es cuantificable en nuestros días, y entonces no hicieron ni tan solo un cálculo o valoración aproximada de los beneficios que reportaría la mejora de las comunicaciones. Con sus ventajas e inconvenientes, la carretera siguió una línea de occidente hacia oriente, casi en línea recta, atravesando el núcleo urbano.

9.3. Santa Marta según el Diccionario de Pascual Madoz 1845-1850

Dice así: Santa Marta.

> Santa Marta de Tormes: Lugar con Ayuntamiento en la provincia de Salamanca, diócesis y partido judicial de Salamanca (1 legua), audiencia territorial de Valladolid, capitanía general de Castilla la Vieja. Se halla situada a la izquierda del río Tormes, en terreno bastante despejado, goza de buen clima, siendo las intermitentes las enfermedades más comunes. Se compone de 30 casas de mediana construcción, sin nada en ellas que merezca llamar la atención; tiene una iglesia parroquial de la clase de vicarías, bajo el título de la Santa Marta, que lleva el nombre del pueblo, y un cementerio que en nada perjudica la salud pública. Confina el término por el norte con Cabrerizos; este, Narros del Río, término de Pelabravo; sur, Carbajosa de la Sagrada; y oeste, Salamanca.
> Pasa por él (pueblo) el mencionado río Tormes, de cuyas aguas usan los vecinos del pueblo de que nos ocupamos, con las que se riegan algunos trozos de tierras. El terreno generalmente es llano y de buena calidad. Caminos a los pueblos limítrofes en buen estado. La correspondencia se recibe de Salamanca.
> Producción: toda clase de cereales y algunas berzas y legumbres; hay cría de ganado lanar y vacuno y caza de libres, conejos y perdices. Industria: la agrícola. Población 35 vecinos, 143 almas. Riqueza productiva 1.098.000 reales. Impuestos 40.465. Valor de los puestos públicos 5.000.

9.4. Simulacro de una batalla realizada en La Serna

Para unas maniobras militares, fue puesta la mirada en la finca de la Serna, amplia, llana y próxima a Salamanca. Era, pues, el ideal para que cualquier brigadier

---

[117]   P. N. 7175, folio 55, Ante Blas Pérez. AHPSA.

llevase allí sus tropas para hacer ejercicios. Y efectivamente el 19 de noviembre de 1846 allí se realizó un «Rancho dado a las tropas y el simulacro de un combate». La narración la trae *El Español*, dos días consecutivos, el 26 y el 27 de diciembre de 1846, y dice así:

> Día 26: Rancho a la tropa: El día 19 de noviembre, día de Santa Isabel, obsequió el general Pavía a las tropas que existían en esta ciudad con una libra de carne y medio litro de vino por cada plaza en la solemnidad de los días de S. M. (Isabel II). Se componía la unidad militar de su mando de dos brigadas de artillería de montaña; tres batallones del Regimiento de Aragón n.º 24; y un Regimiento de Caballería de Villaviciosa. Se preparaba in simulacro para el día de Santa Isabel, pero no pudo llevarse a cabo por la lluvia y se pospuso para el día siguiente. El sitio designado será La Serna espacio muy a propósito para no perjudicar la sementera. La temperatura está sumamente benigna.
>
> Día 27 de noviembre: Se celebró el simulacro [de combate] el domingo último en el sitio de la Serna. Las tropas salieron a las nueve de la mañana al Teso de la Feria. Tras escuchar misa de campaña, marcharon hacia la Pinilla y hacia Carbajosa, distante hora y media de esta capital. A las dos y media se encaminaron al sitio designado [la Serna] para comenzar las maniobras militares y ejecutar el simulacro.
>
> A las cuatro de la tarde comenzó el fuego por guerrillas, sostenido por la artillería durante más de dos horas. Por lo que vimos en el simulacro se ha querido imitar una retirada en orden sostenida por la artillería. Finalizó a una hora bastante tarde, pues ya eran la 7 de la noche. Es de advertir que pasaron las tropas por un puente que de antemano se había construido con carros traídos de los labradores de Santa Marta, y que no dejó de haber sus chapuzas (chapuzones en el río) por la poca resistencia y falta de algunos carros más que hubiesen evitado las continuas caídas (de (soldados en el río) que observamos. Como el día estuvo hermosísimo, la concurrencia [de espectadores] fue numerosísima a los sitios de San Mamés y Peñas de San Jerónimo. No hubo desgracias personales; solo [fue reseñable] el cansancio de soldados y oficiales[118].

Breve es la glosa que se puede hacer de este texto, pero si es adecuado hacer algunas observaciones: Se sobreentiende que el capitán Pavía tenía permiso de los dueños del terreno de la Serna, y que la cesión de la finca estaba pactada previamente, pues de lo contrario no se hubiera permitido que la estancia y el tránsito de la tropa militar destrozara una finca. Se advierte también que no se hacía en otro lugar para no perjudicar la sementera, de lo que se deduce que la Serna en su mayor parte estaba dedicada a pasto. Como es conocido desde san Cebrián en Septiembre a la Pascua Florida se consideraba temporada baja en los pastos, y por tanto se

---

118 Tomado del periódico *El Español*, días 26 y 27 de diciembre de 1846. No se especifica quién envió la crónica. Tampoco se ha dicho de quién era entonces la Serna. Como se sabe, había sido del cabildo catedralicio como el mayor particionero, pero ya había sufrido la desamortización. Como una parte considerable de la Serna pertenecía a don Agapito López (véase su biografía en el capítulo XIX–) posiblemente por su mediación se consiguiera algún permiso para el paso y acampada de los militares en la citada finca.

pagaba su arrendamiento una renta proporcionalmente más baja que la que se pagaba por el aprovechamiento en los meses abril, mayo y junio cuando crecía la hierba y el pasto para el ganado era mayor. También se cae en la cuenta de que se realizó un puente provisional con los carros de los aldeanos para facilitar la retirada, pues se supone que alcanzar la orilla opuesta del río lógicamente rompía la estrechez contra un obstáculo que le hacían los supuestos enemigos y salvado el río ese mismo accidente geográfico les serviría de protección contra los perseguidores. Lógicamente también se supone que el puente de carros y maderas sería destruido una vez que por él pasasen las tropas en retirada para que no sirviera de paso a los contrarios. Finalmente también es destacable como los habitantes de Salamanca acudieron a las inmediaciones de la Serna para ver lo que para entonces era un espectáculo. ¡Todos contentos! ¿ Pero quién era el dueño de la Serna para que la historia fuera posible, y para que siga en adelante? No será mera casualidad que el dueño de una buena parte de la Serna fuera un jefe militar vecino de Salamanca. Lo veremos un poco más adelante.

9.5. Desamortización de la Propiedad en Santa Marta: Concepto, finalidad y fases

El decreto de julio de 1835 suprimía en su artículo 1.º los conventos y monasterios religiosos que no tuvieran 12 individuos profesos. A ello se une otro decreto de 11 de octubre de 1835 que restablece en plena forma el decreto de 1 de octubre de 1820. Tras el cierre de los conventos, llegó el decreto de incautación estatal de sus bienes. Y con esta incautación vino también el deseo la ley de venta de bienes del estamento religioso.

La palabra «desamortización», atendiendo a su etimología, significaba en el siglo XIX dejar libre las fincas que se conocían como bienes de manos muertas. Efectivamente, infinidad de fincas afectadas por las leyes de desamortización provenían de las últimas voluntades de ciertas personas o entidades. Así, hubo muchos bienes que el estamento eclesiástico los poseía como administrador de ellos para siempre jamás, sin que se pudieran dividir ni repartir. También autorizados por la monarquía se habían establecido mayorazgos y vínculos, cuya propiedad tampoco podía dividirse ni enajenarse sin un nuevo consentimiento legal.

De esta suerte cada vez venía habiendo más propiedad vinculada y menos propiedad para poder ser vendida y ser comprada. Teóricamente para poder remediar esta estructura, se promulgaron a lo largo del siglo XIX diversas leyes y decretos desamortizadores.

La desamortización consistió en la incautación de bienes por el estado de bienes inmuebles (terrenos de sembradíos, pastos, montes, viñas, olivares, linares y huertos, etc. y de bienes urbanos inmuebles (casas, edificios, conventos, molinos, tenadas, corrales); y de bienes de otra clase como censos. Una vez que el estado tenía en sus manos esos bienes, los ponía en pública y judicial subasta para así enajenarlos al mejor postor.

Los objetivos de la desamortización fueron cambiando y ampliándose a lo largo de varias fases. Si primero la desamortización fue para obtener unos ingresos en la Tesorería estatal con que sufragar las guerras, luego, sin dejar el objetivo de obtener ingresos, se añadieron otros como facilitar la exclaustración de frailes y monjas, poner en libre comercio tierra para los campesinos, cambiar la estructura agraria, dar dinamismo a la economía, etc. Se suelen contar como fases desamortizadoras las seis fases siguientes:

a) La primera desamortización de la propiedad denominada de Carlos IV y de Godoy[119], de 1798 a 1807.

b) Una desamortización especial durante la guerra de la Independencia, forzosamente hecha de venta de propios de los municipios, que no se suele contar como verdadera desamortización, y que en algunos casos quedó sin efecto, por ser consideradas ventas ilegales, pero que en algunos casos tuvieron efectividad.

c) La desamortización durante el Trienio Liberal (1820-1823), que fue de bienes eclesiásticos y también civiles.

d) La desamortización conocida como la de Mendizábal o gran desamortización eclesiástica de 1836 y 1837. Se paralizó algún tiempo y también se restableció en otros momentos.

e) La desamortización llamada de Madoz, de 1 de mayo de 1855, que afectó a bienes eclesiásticos y civiles.

f) La desamortización mandada por leyes posteriores a la de 1855.

9.6. Desamortización eclesiástica: Masa de bienes para ser desamortizados desde 1836 en adelante

Constituyeron la masa de bienes para ser desamortizados todas las fincas rústicas y urbanas del estamento eclesiástico, para lo cual sirve de guía el Catastro de Ensenada. Según esta documentación, eran dueños de fincas los siguientes: las monjas carvajales, el cabildo catedralicio, la Real Clerecía de San Marcos, el beneficio

---

[119] En la llamada desamortización de Carlos IV y de Godoy, desde 1798 a 1808, en virtud de Reales Decretos, (1798-1805-1807), y previa autorización del papa, se vendieron en pública subasta *bienes pertenecientes a hospitales, hospicios, casas de misericordia, casas de reclusión de expósitos, cofradías, obras pías, patronatos de legos y algunas capellanías,* que todos ellos se incluían en la clasificación de bienes del clero.

curado del lugar, el beneficio curado de San Pablo, un vínculo patronato de legos, otro vínculo llamado de Isabel, el Colegio de la Vega, la fábrica de la iglesia de Santa Marta, y una capellanía.

En Santa Marta no se encuentran fincas que perteneciesen a cofradías ni a determinadas imágenes de este pueblo ni de fuera del pueblo. Como el proceso desamortizador fue muy largo, habrá fincas, sobre todo las pequeñas, cuyas ventas judiciales no es fácil hallar documentadas y cuesta ver su traspaso de titularidad. Sin embargo, esto no impide ver el proceso desamortizador y ver la desamortización de las principales fincas.

9.7. Desamortización de las propiedades rústicas eclesiásticas en Santa Marta

Hay que diferenciar la desamortización teórica y generalmente anunciada de la que efectivamente fue documentada como vendida en pública subasta y adjudicada, por cuanto algunas de las compras se formalizaron mediante escritura notarial y otras no. Y también porque hubo fincas desamortizadas que se inscribieron en el Registro de la Propiedad y otras de las que no se hizo tal inscripción, o la escritura de compra no fue en tiempo seguido a la subasta, sino con posterioridad. En consecuencia, no es facial llegar a encontrar documentada en su totalidad y perfectamente toda la desamortización[120] de este pueblo, pero lo que aquí se presenta es suficiente para seguir su historia de Santa Marta dando relación de las principales fincas desamortizadas. Veamos en primer lugar la desamortización eclesiástica de las fincas ubicadas en Santa Marta, que tuvo las siguientes operaciones:

(1) *El prado y tierras titulados de la Serna,* que fueron de las monjas carbajales de León

Ya va dicho y reiterado previamente en este libro que las monjas carbajales de la ciudad de León poseían desde la Baja Edad Media diversas fincas en el término de Santa Marta[121]. La escritura de venta judicial se realizó por el juez de primera instancia de Salamanca ante el escribano Blas Pérez atendiendo al decreto de 9 de febrero de 1836 y los bienes vendidos fueron 16 tierras situadas al regato de Carpihuelo, 1 a

---

[120]   A pesar de que la Oficina Provincial de Hacienda llevaba libros oficiales en que se anotaban todas las circunstancias de la desamortización como fincas incautadas, anuncios de subastas, valoración de subastas, postores, remates y precios, plazos pagados etc., y aunque todo ello era publicado en el boletín especial de ventas de bienes desamortizados, no siempre se halla con facilidad la desamortización completa realizada en un pueblo, bien porque se haya extraviado la documentación, bien porque hubo olvido de incluirla, o por otras casusas.

[121]   Su tasación se halla en el BOPSA de 4 de marzo n.º 368, página 541). Año 1836.

las viñas, 4 a la Serna y un prado llamado el Prado Alto de la Serna. Su descripción se hizo del siguiente modo:

> Un prado situado a la orilla del río Tormes con el que linda por levante y norte, poniente con el Prado Bajo de la Serna, propio del cabildo de la catedral y sur con tierras anteriormente referidas, que hace 64 huebras, que con más 6 huebras que hace un cacho que a la parte del norte está en el Soto situado en medio del río, más 2 huebras más que se hallan donde se dice el Regato de en medio de la Serna del Cabildo, y 1 huebra más de otro prado de la Clerecía, llamado Prado Redondo, que todo ello hace 73 huebras de pasto[122].

De suerte que sumando la extensión de prados y tierras daban un total de 153 huebras y media, con inclusión de un pajar. El remate fue de 400.300 reales y 60 más de los gastos de escritura Fue su comprador DON AGAPITO LÓPEZ DEL HOYO.

(2) *Nueve porciones de terrazgo pertenecientes al cabildo de la catedral de Salamanca*

De esta manera quedó divida la propiedad del cabildo en Santa Marta. Aunque en general se dice que estas porciones constituían el Prado de la Serna, no era así, sino que incluían una buena parte del citado prado más otras parcelas diseminadas por el término municipal. Y del «Prado», o parte del prado que se tomaba como nombre y referencia de toda la propiedad del cabildo, se había procurado hacer porciones más o menos equivalentes entre sí, pero no se logró, y además el interés por adquirir cada una de esas porciones varió mucho de unas a otras, con lo cual el precio de la adjudicación al mejor postor también varió muy substancialmente. Para una mejor comprensión de la desamortización de esta propiedad, se expone el siguiente resumen:

–   *LA PRIMERA PORCIÓN DE LA SERNA.* Comprendía siete tierras con una extensión aproximada de 26 huebras. El precio pagado por esta porción era de 12.990 reales. Este lote se vendió a favor de don NATAL NOVOA, vecino de Madrid, ante el escribano Pedro Lucas Bellido el 17 de agosto de 1850, que traspasó a SANTIAGO MARCOS Y FRANCISCO MARCOS VÁZQUEZ, vecinos de Santa Marta[123].

–   *LA SEGUNDA PORCIÓN Y LA TERCERA DE LA SERNA.* Fueron adjudicadas en el remate final a un testaferro, que las traspasó a FRANCISCO MARCOS.

---

[122]   P. N. 6789, folio 322 y sgts. AHPSA.
[123]   Datos tomado del libro n.º 936 de Contaduría de Hipotecas, folios 104 y 105. La escritura de esta compra fue realizada ante Blas Pérez el 17 de agosto de 1850. AHPSA.

Precio pagado por las dos porciones fue 18.749 reales, entendiéndose que serían por cada una 9.374,50 reales[124].

– *LA CUARTA PORCIÓN Y LA QUINTA DE LA SERNA*. Fueron compradas en la venta judicial por don VICENTE MUÑIZ, vecino de Salamanca, que las traspasó a don FRANCISCO MORENO, también vecino de Salamanca. Un fragmento del documento dice así:

> En Salamanca a 19 de septiembre de 1843 por medio de don Eustaquio Lobari- nas vende el señor don Vicente Muñiz a don Francisco Moreno, vecino de esta capital todos los pastos comprendidos en las ocho porciones en que se dividieron las fincas que en los términos de los lugares de Santa Marta y Carbajosa de la Sagrada que pertenecieron a la Nación como procedentes del Cabildo catedral de esta ciudad, cuyas partes componen el llamado Prado de la Serna en el término de Santa Marta; y las tierras comprendidas en la cuarta y quinta de aquellas ocho primeras divisiones… fueron rematadas en el juzgado de Primera Instancia de esta capital y por mi testimonio en los día 29, 30 y 31 de diciembre de 1842, como libres de toda carga[125].

Y luego se añade que las vende y transfiere al señor Moreno, que pagará al ad- ministrador de bienes nacionales 16 vigésimas partes de los 83.560 reales, que fue el precio de los remates de dichas fincas a las épocas, que debiera hacerlo el señor Muñiz, mediante a que este solo tenía pagadas las cuatro vigésimas[126]. Las pagó el 16 de marzo de 1843.

– *LA SEXTA PORCIÓN DE LA SERNA*. Lo que comprende esta porción se aclara del siguiente modo: aunque dicha porción comprende también alguna parte del «Prado en el de la Serna»[127] (es decir, el del cabildo). Como fincas componentes de esta porción se especifican hasta 13 tierras, dando de cada una el sitio, la extensión, y la calidad, juntando entre todas algo más de 30 huebras, repartidas en los dos términos, el de Santa Marta y el de Carbajosa de la Sagrada. Esta porción fue tasada y anunciada en 15.666 reales más 22 maravedís, fue rema- tada con la solemnidad debida el 30 octubre de 1842 en favor de don JOSÉ HUERTA, que cedió en FRANCISCO MARCOS MAYOR, como mejor postor en la cantidad de 8.633 reales. El remate tuvo lugar el 30 de diciembre anterior

---

[124]   Datos tomados del libro de Contaduría de Hipotecas n.º 936, folio 61 (me falta consultar la escri- tura). La escritura de esta compra fue realizada ante Pedro Lucas Bellido, el 9 de julio de 1849. P. N.7079. APSA.

[125]   Datos tomados del protocolo notarial 7071. AHPSA.

[126]   Se entiende que, para pagar el total, podía hacerse en 20 plazos. Ya se habían pagado cuatro y faltaban los 16 restantes.

[127]   Ya hemos visto que había más de un prado de varios dueños, pero el Prado Alto lo compró don Agapito López de Hoyo.

ante José Poveda, juez de Primera Instancia del partido de esta capital, y ante el escribano don Pedro Lucas Bellido[128]. Su fecha es 16 de enero de 1843.

– *LA SÉPTIMA PORCIÓN DE LA SERNA.* Se especificó que esta porción se compone de cuatro tierras que suman una extensión 19 huebras. Y su valor líquido fue de 9900 reales Y quedó puesta a nombre de JULIÁN Y DEMÁS HEREDEROS DE JOSÉ MARCOS.

– *LA OCTAVA PORCIÓN DE LA SERNA.* Se compone de seis tierras que suman unas 26,50 huebras. El lote fue rematado en FRANCISCO MARCOS VÁZQUEZ en 13.310 reales[129].

– *LA NOVENA PORCIÓN DE LA SERNA.* También en esta novena porción se han unido varias tierras para conformar el lote, que salió a subasta con tierras de Carbajosa y de Santa Marta, menos una parte de prado. Se remató en JOSÉ HUERTA, que hizo traslado en FRANCISCO MARCOS MAYOR, en la cantidad de 8633 reales[130].

TABLA 11. Resumen de las ventas judiciales de la desamortización de la propiedad del cabildo catedralicio en Santa Marta

Lote	Extensión	Fecha	Adquirente	Precio reales
1.ª Porción			Herm.Marcos	12.990
2.º Porción		1849		18.749
3.ª Porción	Va con la 2.º	Con la 2.º	El mismo 2.ª	——
4.ª Porción		1843	F-Marcos	83.560
5.ª Porción	Va con la 4.ª	Con la 4.ª	El mismo .º	——
6.ª Porción	13 tierras	1843	F. Marcos	8.633
7.ª Porción	19 huebras		Here. Marcos	9.900
8.ª Porción	26,5 huebra	1850	F.M. Vázqu.	13.310
9.ª Porción		1850	F. Marcos M.	8.633

Fuente: Realización propia.

---

128   P. N. 7081, folio 832 vuelto. AHPSA.
129   La escritura de compra fue realizada ante Pedro Lucas Bellido, el 15 de agosto de 1850.
130   La escritura de compra fue realizada ante Pedro Lucas Bellido, protocolo 7080, folio 831 año 1850.

(3) Bienes de vínculos. Patronatos, cofradías y capellanías

Algunos de estos bienes pudieron ser vendidos en la primera desamortización, la de Carlos IV; otros bienes tardarían mucho tiempo en ser enajenados y se explotarían en renta. Ciertamente nos falta completar con certeza qué sucedió[131]. Su importancia respecto a la desamortización no fue grande.

VÍNCULO FUNDADO POR ISABEL GÓMEZ, que parecer ser el también llamado *VÍNCULO DE NAVIA*. Sobre este vínculo gravitaba un censo que parece que compró Pedro Gutiérrez, y acaso lo traspasó a don JUAN SÁNCHEZ GARCÍA, vecino de Carbajosa de la Sagrada.

BIENES DEL PATRONATO DE TORIBIO CUBILLOS, PATRONATO ANTONIA HERRERA. Significaban poca cosa, como las tres fincas del patronato de legos que fundó doña Antonia Herrera, que constituían vínculo que llamaban de Toribio Cubillos. La propiedad de este vínculo fue arrendada en 1739 en 26 fanegas de trigo.

6) *TIERRAS PROCEDENTES DE REAL CAPILLA DE SAN MARCOS:* Tierras en el término de Santa Marta. Su remate se anunció para el 10 de septiembre de 1855. Su colono es Alonso Boyero con un compañero; renta anual es por 63 fanegas de trigo, que reducidas a metálico son 27.216 reales, por cuya cantidad se saca a subasta[132].

9.8. Desamortización de la propiedad civil

7) *VENTA DE LA ALAMEDA*. En 1869 se anuncia la venta judicial de una alameda y de un prado procedentes del común de vecinos de Santa Marta, que radican en el término de dicho pueblo[133]. La alameda hace de cabida 25 estadales de segunda calidad; y en su superficie, que está cerrada de vallado en mal estado. Contiene 34 árboles negrillos de escaso fomento, aunque algunos tienen servicio para aperos de labor. Y el prado contiguo tiene una extensión superficial de 128 estadales de segunda calidad. Han sido tasadas ambas fincas en 1000 reales en venta y 46 reales en renta, y capitalizadas en 1035 reales tipo para la subasta. No he visto quién compró ambas fincas.

8) *VENTA JUDICIAL DE TRES TIERRAS PERTENECIENTES A LA UNIVERSIDAD LITERARIA DE SALAMANCA*: La breve descripción es la siguiente: a) Tierra a los Hoyos, que hace 25 áreas y 15 centiáreas. Linda por una parte con tierra de Domingo

---

[131]   Y posiblemente se deben a que estas dos vinculaciones contenían en ellas fincas de varios pueblos, con lo cual la desamortización es muy probable que esté reflejada en la efectuadas en otros pueblos. O acaso fueron desamortizados a principios del siglo XIX.

[132]   BV BPSA n.º 4. Se anunciaba como n.º 33 del inventario.

[133]   Proporciona esta información del periódico *Adelante* día 30 de diciembre de 1860.

Zaballa. b) Otra a las Mangadas, que hace 68 áreas y 19 centiáreas. c). Otra a la Raya de Carpihuelo. Es el comprador don JUAN SÁNCHEZ GARCÍA[134].

9.9. Venta de propiedades vinculadas por mayorazgos

(10) *LA MITAD DE LA PROPIEDAD DEL MAYORAZGO DE ORDÓÑEZ*. En el Trienio Liberal, en virtud de la ley de 27 de septiembre de 1820, se autorizó la venta de la mitad de las propiedades vinculadas. La ley se recibió de manera francamente grata tanto por los poseedores de mayorazgos como por los posibles compradores de fincas. Esa medida desvinculadora se completó años más tarde (en 1837) cuando quedaron libres en su totalidad los mayorazgos y los vínculos. Por consiguiente, estas leyes son otra de las causas por las que se fue modificando la estructura de la propiedad y aparecieron nuevos dueños de fincas.

Vamos a ver cómo se vendió la mitad de la propiedad que tenía el mayorazgo de Ordóñez, para lo cual se transcribe parte del texto de la escritura de venta, que se hace por poder. Un fragmento dice así:

> Don Miguel Carrasco, doctor de esta Universidad, con poder especial de doña Manuela Viana y Achucarro y de su hijo don Manuel Ordóñez y Viana, vecinos de Málaga, dijo que en esta ciudad y provincia correspondieron a don Fernando Ordóñez, vecino que fue de la ciudad de Málaga, en clase de vinculados varios capitales, censos, casas, tierras, prados y términos redondos. Es decir, todo ello constituía un mayorazgo, el llamado de los Godínez.
> De esa propiedad, a la muerte de don Fernando Ordóñez y —en virtud de la ley de 27 de septiembre de 1820 vigente en la actualidad supresora de toda clase de mayorazgos—, se realizó inventario de bienes por su viuda doña Manuela de Viana y Achucarro y el presbítero don Francisco Gabín por el escribano del Tercio Naval, don Antonio Laá, cuya tasa dio un valor de 520.000 reales en censos, términos redondos y propiedades-
> Y ahora doña Manuela y su hijo don José Ordóñez venden a don Julián Martínez Céspedes, que está en sociedad con su hijo Mauricio, bajo el nombre de «Céspedes e Hijo», la mitad de los censos y propiedades y de su valor es proindiviso para su hijo[135].

De esta escritura se ha de tomar razón en la Oficina del Registro de Hipotecas y, en resumen, se dice: el Dr. D. Miguel Carrasco vende a don Julián Martínez Céspedes de esta vecindad 107 tierras en el término del lugar de Santa Marta, la cuales componen 50 huebras poco más o menos de tierra de buena calidad, de mediana y de inferior, y de 28 huebras de prado, más 280 estadales. No se dicen sus límites; no se dice el precio, pero se puede deducir aproximadamente, pues, si fueron estas las

---

[134]   P. N. 7871, año 184. AHPSA.
[135]   Efectivamente está tomada en el libro 936, folio 21, con fecha 26 de abril de 1847. Y se añade que la venta comprende otras fincas de la Vellés, Castellanos, Calzada de Valdunciel.

tierras y prados que dio como dote a su hija Engracia, suponían 275.000 reales[136]. Fue su comprador DON JULIÁN MARTÍNEZ CÉSPEDES, el precio es el referido y la extensión de Santa Marta da 78 huebras y 280 estadales.

9.10. Traspaso en 1847 de la propiedad de don Julián a sus hijas Engracia y Sabas

Si este traspaso no hubiera sido hecho al poco tiempo de la citada compra, y si de esa propiedad no tuviéramos más referencia, bastaría dejar la historia de esta desvinculación tal como hasta aquí va puesta. Pero la historia de estas fincas sigue: a los dos años de adquirir estas fincas, don Julián Martínez Céspedes se murió en 1849. Sin embargo, previamente había donado todo lo que supuso la anterior compra a su hija Engracia, y a los dos años de esta defunción, o sea, en 1851, la aludida propiedad fue arrendada. Como consecuencia, estos dos hechos, donación y arrendamiento, permiten seguir el historial de estas fincas de Santa Marta.

Estas fincas constituyeron solamente una parte pero muy considerable de la dote que don Julián dio a su hija Engracia, que hacía unos años que se había casado con don Domingo Zaballa. La dote ofrecida fue de 275.000 reales[137], pero el valor de las fincas de Santa Marta se calculó en 1849 en 80.000 reales[138].

En 1851 don Domingo Zaballa arrendó 107 tierras de labor, 18 prados y 10 pajares, en Santa Marta, que hacían en total 524 huebras[139], por la renta anual de 200 fanegas. Esto hace suponer que ya se había comprado la totalidad de los bienes del mayorazgo de los Ordóñez. Parece ser que correspondía a la herencia recibida por su mujer Engracia Martínez Céspedes. Sin embargo, como don Domingo Zaballa también era apoderado de su hermano Félix Zaballa (casado con Sabas Martínez Céspedes, hermana de la citada Engracia) que también había recibido una dote semejante, el arrendamiento que realizó pudo incluir tierras y prados de ambas dotes.

9.11. Estructura de la propiedad rústica a mediados del siglo XIX

¿Cuál fue la resultante de las enajenaciones de propiedades tan importantes? Evidentemente que se fue gestando un cambio en la estructura de la propiedad rústica.

---

[136]   P. N. 7059, año 1847, folio 43. La escritura se realizó ante Antonio Almeida.

[137]   Esa cantidad se estimaba a cuenta de la legítima materna y paterna e incluía otras fincas en varios pueblos de La Coruña.

[138]   Según la carta de pago de la dote, hecha en 1849 por don Domingo Zaballa. P. N. 7060, folio 92.

[139]   Existe una discordancia poco importante tanto en el número de fincas: 102 tierras en la venta a don Julián frente a 107 en el arrendamiento de don Domingo Zaballa. Pero también en las 107 hay equivocación, pues contabilizadas una por una salen 105 tierras, e igualmente contados los prados uno por uno no salen los 18, si no 9, aunque se añaden 2 pajares y una cortina, y se exceptúa la casa que se deja para disfrute del señor. Pero existe mucha diferencia en el total de huebras, pues la primera vez se dice 50 y en la segunda 524 (he de revisar estos datos).

Entonces no se hizo un nuevo catastro, pero una escritura de arriendo de 524 hue-bras (=234 Ha +33 a +28 ca) que poseía don Domingo Zaballa (procedente de don Julián Martínez Céspedes), la propiedad de don Agapito López del Hoyo (proce-dente del convento de monjas benedictinas llamadas carvajales) y la propiedad de los compradores de bienes procedentes del cabildo, como la propiedad todavía no vendida del estamento eclesiástico, forman un conjunto de cuatro titulares muy significativos, minoritario La estructura de la propiedad a mediados del siglo XIX, concretamente a 24 de junio de 1851, que corresponde a un siglo después del Cas-tastro de Ensenada, ha cambiado. En primer lugar, se advierte que los datos del Catastro de Ensenada quedan muy bajos respecto a la cantidad de terreno que sale al ir mencionando el cambio de dueño. Es algo así como si se hubiera multiplica-do la extensión del término municipal. En segundo lugar, se advierte que se había realizado en parte la desamortización de la propiedad eclesiástica, pero no de toda la propiedad de este estamento. En tercer lugar, también se advierte que una parte considerable de la propiedad rústica estaba en manos de grandes hacendados, pero que, a pesar de eso, no eran pocos los vecinos de Santa Marta que habían hecho compras de fincas, y por eso había aumentado el número de propietarios.

Entre los compradores de fincas desamortizadas y desvinculadas, y algunos co-lonos o renteros de fincas, se pueden señalar a los siguientes: 1. Don Agapito López del Hoyo, vecino de Salamanca. 2. Don Julián Martínez Céspedes, vecino de Sala-manca. 3. Don Vicente Muñiz Calderón de la Barca, Vecino de Fuentes de Ropel (Zamora). 4. Don Francisco Moreno, vecino de Salamanca. 5. Don Juan Piñuela, vecino de Salamanca. 6. Pedro Gutiérrez, vecino de Carbajosa de la Sagrada y sus herederos, vecinos de Salamanca. 7. Herederos de Ezequiel Martín. 8. Francisco Marcos, juntamente con Florencio Marcos, vecinos de Santa Marta de Tormes. 9. Claudio Marcos, vecino de Santa Marta de Tormes. 10. José Marcos, vecino de Santa Marta de Tormes.11. Lucía Marcos, vecina de Santa Marta de Tormes. 12. Rosa González → Clara Marcos, vecinos de Santa Marta de Tormes. 13. Don Luis Romo, vecino de Salamanca → Julián Marcos. Vecino de Santa Marta de Tormes. 14. Nicomedes Santos → Claudio Santos, vecino de Santa Marta de Tormes, co-lono. 15. Alonso Boyero, vecino de Santa Marta de Tormes, colono. 16, Santiago Boyero, vecino de Santa Marta de Tormes, colono. 17. Juan Sánchez García, vecino de Carbajosa de la Sagrada.

X. TERCER TERCIO DEL SIGLO XIX. 1866-1900

10.1. PERMANENCIA CIERTOS PATRIMONIOS EN SANTA MARTA Y TRASPASO DE PROPIEDADES A NUEVOS TITULARES

Mientras vivía el dueño titular de un patrimonio, este, por lo general se ha conservado sin vender ni dividir. Solía suceder lo contrario cuando un hacendado moría. Sus herederos dividían el patrimonio en lotes y en ese caso se puede considerar que empezaban uno o varios patrimonios a poder considerarse nuevos. De lo ocurrido respecto de los dueños de muchas fincas en Santa Marta, tenemos dos ejemplos.

El primero es ejemplo de un patrimonio que perduró cuarenta años. Corresponde este patrimonio al que poseían en Santa Marta los esposos Domingo Zaballa y Engracia Martínez Céspedes. Este matrimonio se realizó en 1842. Recibieron 107 tierras en Santa Marta, como dote nupcial dada por don Julián Martín Céspedes a su hija Engracia en 1847. Este patrimonio valorado al tiempo de su recepción en 80.000 reales perduró sin modificación hasta 1887, cuando falleció la referida Engracia. Por tanto, esta señora fue la titular de una gran yugada de tierras durante 40 años.

Un segundo ejemplo de traspaso de propiedad de unos titulares primeros a otros segundos o posteriores lo tenemos en el patrimonio de Agapito López. Este señor compró en 1837 una extensa propiedad en Santa Marta. Este estuvo bajo su nombre hasta su muerte en diciembre de 1863, es decir, 27 años. Luego quedó como heredera universal de sus bienes su mujer, doña María del Carmen Ayuso Larragoiti, pues no tenían hijos. Doña María del Carmen Ayuso hizo un testamento en 1864, pero luego, cuando ya habían muerto sus sobrinos Esteban María Ortiz y Juan Ortiz, en 1866, realizó un nuevo testamento[140] y dejó cuatro herederos, que repartirían la herencia en cuatro partes equivalentes en valor: su sobrina Josefa Ayuso, su cuñado Carlos López del Hoyo, su sobrina Luisa López del Hoyo, y su sobrina política Mercedes Sirgado. A su sobrina Josefa le dejó la parte que poseía de la dehesa de

---

[140]   Testamento de 1864 P. N. 7864; Testamento de 1866 P. N. 9694, folio 11. AHPSA.

Casasola de la Encomienda y especificó que, si no llegaba al valor de una cuarta parte, lo que faltase hasta que se completase se asignase en las tierras que poseía en Santa Marta. Para que esta parte de patrimonio permaneciera en la familia, lo dejado a Josefa Ayuso fue hecho en calidad de usufructo mientras ella viviera. Con estos cuatro herederos se produjo una primera división de la herencia, y como los cuatro herederos tenían hijos, siguió dándose la posibilidad de nueva partición y división de la propiedad de Santa Marta. Así nuevamente se abría la posibilidad de nuevas ventas y traspaso de propiedades. Esos cambios, al parecer, se fueron realizando conforme se acercaba el final del siglo XIX.

Lo cierto es que la propiedad tanto rústica como urbana va teniendo en sí misma un historial, a veces fácil de seguir, en ocasiones muy oculto. En la segunda mitad del siglo XIX se da una dinámica especial con relación a la propiedad rústica, y, conforme avanza la centuria, los dueños del terrazgo de Santa Marta de Tormes han variado muy notablemente, pues las adquisiciones de fincas son numerosas, y las divisiones de antiguos patrimonios, muy significativas.

Pero aún quedaban más tierras libres en manos de antiguos dueños, de los que alguno ni tan siquiera vivía en Salamanca. Por ejemplo, dos tierras que pertenecían a la Caja de Socorros se vendieron[141] en 1890.

10.2. Otros propietarios

Además de los propietarios que compraron fincas en la desamortización, hubo otros dueños de fincas. Lo fueron bien por herencia de remoto tiempo, o de recientes años, bien por pequeñas compras o permutas. Se descubrirían los dueños de fincas siguiendo los amillaramientos y las cartillas evaluatorias de la riqueza rústica[142] Aunque algunos ya estén mencionados, no vendrá mal que se repitan: don Juan Gutiérrez, vecino de Salamanca; don Francisco Moreno, también vecino de Salamanca, que prestó dineros en varias ocasiones a los labradores de Santa Marta; el conde de Grajal, que, además de algunas tierras, tenía parte en la aceña; los condes de Crespo Rascón; Luis Romo, Agustín Pérez Agreda y Rafael Leracta, vecinos de Salamanca; y Simón Brozas Marcos, Claudio Marcos, Feliciano Marcos Vázquez; Francisco Marcos Vázquez y Alonso Boyero, vecinos de Santa Marta.

---

[141]   La prensa local publcó este anuncio: «Los días 9 y 10 de mayo de 1890, tendrá lugar una pública y extrajudicial subasta, simultánea en Madrid y Salamanca, de las siguientes fincas pertenecientes a la Caja de Socorros para ganaderos, fundada por los Excmo. Sres. Condes de Crespo Rascón. Las fincas forman una yugada compuesta de 162 fincas que radican en los términos municipales de Miranda de Azán, Carbajosa de la Sagrada (85), Las Torres (4), Santa Marta (2) y Carpihuelo (11)».

[142]   No los hay de todos los años, ni se encuentran con facilidad.

10.3. Las comunicaciones: Establecimiento de un portazgo

Establecido legalmente un portazgo en Santa Marta, para transitar por la carretera de Madrid, en virtud del decreto de 23 de septiembre de 1877 de la Dirección General de Obras Públicas, se sacó a subasta la explotación de tal portazgo de Santa Marta, perteneciente a la carretera de primer orden de Villacastín a Vigo. Se sacaba a subasta bajo el tipo de 3000 pesetas anuales[143]. Hecha la subasta el 10 de enero de 1880, la explotación del portazgo fue adjudicada a don Manuel Tabernero Pérez, labrador, vecino de San Pedro de Rozados[144], en la cantidad de 3120 pesetas anuales, bajo las condiciones que se publican en el BOPSA el 16 de diciembre de 1879. Lógicamente tuvo que poner una fianza y esperar el plazo de su aprobación. El arriendo se hizo por dos años y el precio en cada año era de 3120 pesetas. Se firmó en Salamanca a 13 de marzo de 1880. El documento dice así:

> En Salamanca a 29 de febrero de 1880, yo el notario don Joaquín Fuentes, previo el competente permiso, comparecí en el despacho del señor Gobernador Civil de esta provincia, en donde ante mí comparecieron: De una parte y en representación del Estado, el Excmo. Señor don Jerónimo Marazulea Cortés, de 51 años de edad, casado, gobernador civil de esta provincia; y de otra parte, comparecieron por derecho propio don Manuel Antonio Tabernero Pérez, de 34 años, soltero, domiciliado en San Pedro de Rozados, con residencia en la alquería de Continos. Ambas partes vienen para otorgar escritura de servicio público al Estado. Lo que realizan en virtud del Decreto de 23 de setiembre de 1877 de la Dirección General de Obras Públicas, Comercio y Minas, lo que efectuarán bajo las condiciones siguientes:

> puesto al público el arancel y la de atenerse al mismo para cobrar los derechos de tránsito a los usuarios (postas, carros, carruajes, ganados,.), tener también un farol para el exterior con los cristales de los colores nacionales, etc. Este portazgo no fue caso único, los había desde mucho tiempo atrás como el de Baños de Montemayor, y en algunas ciudades. Pero realizadas las carreteras de primer orden también se crearon otros nuevos en donde no los había, por ejemplo en Castellanos de Moriscos (Salamanca) en también se estableció un portazgo en la carretera de Valladolid.

---

[143]   Con arreglo a las condiciones publicadas en el Boletín Oficial de la Provincia el 16 de diciembre de 1877 y otras particulares de este contrato.

[144]   P. N. 8638, instrumento n.º 43, folio 183. AHPSA.

10.4. La casilla de peón caminero. El ventorro

Fragmento de un mapa provincial de Carreteras de 1877. La P significa peón caminero. Diputación Provincial.

En 1860 la Diputación de Salamanca, atendiendo a que la carretera de Madrid tuviera buena viabilidad desde «Santa Marta al Páramo», acordó crear dos plazas de peones camineros, una para la conservación de este trozo y otra para «los puentes sobre los ríos llamados los Pardos». Cada peón de caminero atendería una legua de carretera. Dos años después, en 1862 la casilla de peón camineros de Santa Marta aparece construida en la Serna y en ella vivían «Agustín Diego Matías, de 30 años de edad, peón caminero, y su mujer Agustina Polo Boyero, residentes en la caseta, en el arrabal la Serna»[145].

Hay un mapa de carreteras de la provincia de Salamanca de 1877, que tuvo el acierto de señalar con una P, los lugares que entonces ya tenían realizada una casilla de peón caminero, unas veinte en total. Entre ellas se ve señalada una P en la carretera de Madrid en Santa Marta, ubicada en el propio pueblo, pero pudiera ser a la entrada en el término municipal del mismo. También estaba realizada la carretera de Salamanca a Alba de Tormes.

---

[145]   Así consta textualmente en la venta de una casa sita en Santa Marta, calle de la Rúa número 8, que el citado matrimonio vendió a Miguel Muñoz, por 1500 reales. P. N. 7852, folio 398. AHPSA.

La P, correspondiente a Santa Marta, es la que va puesta debajo de la sílaba SA, que parece un cero, pero es una pe. Tanto la carretera de Madrid como la de Alba dejaron prácticamente sin uso las calzadas antiguas, y sirvieron las nuevas para marcar la referencia de los sitios de las fincas o de límites del término municipal.

Algunas casillas de peón caminero recibieron al paso de los años el nombre de ventorro, por equivalencia a las ventas que había en la entrada de las poblaciones.

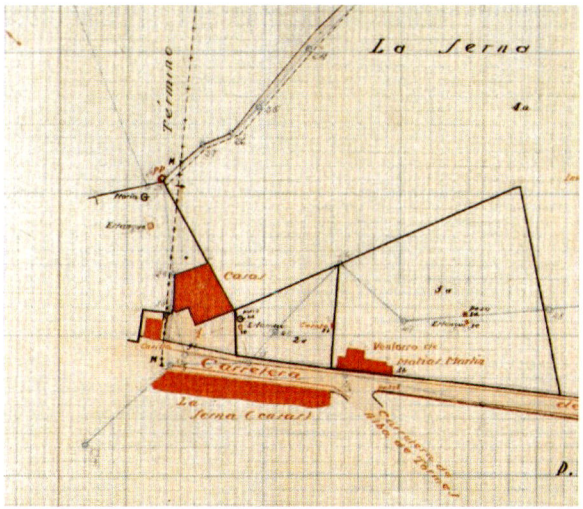

Catastro de rústica de 1932. Aquí se diferencian cuatro construcciones: La casilla de peón caminero, unas casas a su lado, el ventorro separado a distancia de 30 metros, otro grupo de casas al sur de la carretera de Madrid.

Aunque la casilla de peón caminero construida en el Pradillo (al lado oriental del puente del ferrocarril que se construyó con posterioridad) se llamó durante muchos años casilla de Santa Marta y se tuvo como pertenencia a este pueblo, resulta que, según los planos del Catastro de rústica de 1932, estaba situada en el término de Salamanca, pero casi en la misma raya divisoria de los términos municipales. Por tanto la casilla y el ventorro son construcciones distintas, pero es cierto que todo ese conjunto edificado se llamó «arrabal de la Serna».

Un anuncio puesto en *El Adelanto* el 3 de febrero de 1926 dice que se va a subastar leña en la casilla de camineros, por lo que los interesados pueden preguntar en el ayuntamiento de Santa Marta o en el de Salamanca. La leña seguramente procedía de los árboles de la carretera de Madrid que se hubiesen limpiado o talados, pues se sabe que los bordes de las carreteras nacionales tenían plantados negrillos o álamos y de cuando en cuando se podaban, y, si alguno restaba visibilidad, se cortaba o se arrancaba de raíz.

El servicio de peón caminero viviendo en casillas desapareció por los años sesenta del siglo XX, pues el asfaltado de las carreteras y la formación de equipos por obras públicas para atender a su conservación los hizo innecesarios.

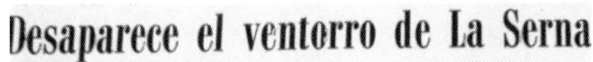

Foto tomada de *El Adelanto* del día 10 de junio de 1979, en la que, mirando a nuestra izquierda, se ve una casa con chimenea, que es la correspondiente al ventorro, que va puesta aquí debajo..

El ventorro de Santa Marta, que ya funcionaba como establecimiento reconocido a fines del siglo XIX, perduró hasta 1979. Había sido construido en un buen sitio para paseantes, parada de vehículos, y clientes tanto de Salamanca como de Santa Marta, por eso tuvo tan larga vida.

En la entrevista que se le hace al último propietario del ventorro, refiere que compró la taberna del señor Matías y que puso más servicios además del bar, como un comercio de ultramarinos. Queda para testimonio de su existencia una foto incluida en *El Adelanto* del 10 de junio de 1979, cuando se dice que iba a desaparecer por motivo de la ampliación de las vías de comunicación. Ciertamente la casilla del peón caminero y el ventorro fueron los espacios en los que ocurrieron algunas anécdotas que se contarán más adelante en este libro.

10.5. Otros hechos menos trascendentes a nivel local hasta fin del siglo xix

En este tercer tercio del siglo xix ocurrieron muchos cambios políticos. En 1868 tuvo lugar la llamada Revolución Septembrina o la Gloriosa, que instauró un gobierno de carácter liberal extremo, que dio decretos de gran trascendencia como la expulsión de los jesuitas, la puesta oficial de la peseta como unidad monetaria de España y la tercera guerra carlista. Lo siguió el reinado de Amadeo de Saboya, luego la primera República, tras ella el gobierno provisional del general Serrano, y finalmente la vuelta de los conservadores al poder en 1874 con Cánovas del Castillo al frente del gobierno. Todo ella va a traer una agitación política especial en la que los pueblos pequeños no tienen apenas otro protagonismo más que seguir las normas gubernamentales: selección de votantes, constituir los ayuntamientos con alcalde y con los concejales ganadores, elaborar presupuestos, contratos médicos, procurar un buen funcionamiento de la enseñanza primaria, seguir las indicaciones del gobernador civil, etc. Buena parte de la historia de las poblaciones mayores se refleja en el Boletín de la Provincia. No resulta igual de informativo al tratarse de núcleos pequeños. A pesar de todo, se puede conocer algún nombre de alcalde, las capacidades para formar jurados municipales, etc.

XI. SANTA MARTA EN LA PRIMERA MITAD DEL SIGLO XX

11.1. Lazos familiares entre hacendados por sus propiedades en Santa Marta

Va escrita primeramente la exposición de los lazos familiares que se fueron estableciendo entre cuatro familias para que se vean claras las uniones entre ellas y así se entienda el traspaso de propiedades de antiguos titulares a otros nuevos, cuestión que se escribirá más adelante. Encontramos relacionadas con Santa Marta de Tormes las cuatro familias que tuvieron los siguientes apellidos a) Martínez Céspedes; b) Zaballa; c) Blanco Alonso) y d) León Muñiz[146]. Veamos quiénes representaron hasta cuatro generaciones:

A) Los bisabuelos: La generación que podemos considerar bisabuelos estuvo representada por las familias de apellidos «Martínez Céspedes»-«Zaballa». La familia Martínez Céspedes tuvo su origen en don Julián Martínez Céspedes, casado con Rita Pamparacuatro. La familia Zaballa se manifiesta en el matrimonio de Manuel Domínguez Ubago, casado con doña Simona Francisca Zaballa Martínez Céspedes. Estas dos ramas ya habían emparentado en el tercer tercio del siglo XIX.

B) Los abuelos. La generación que podemos considerar abuelos sale de la unión de los Martínez Céspedes con Zaballa, pues fue continuada en dos hijas del conjunto de los cuatro hijos de Julián Martínez Céspedes, que fueron: Mauricio, Segundo, «Engracia» y «Sabas». Las dos féminas enlazaron por sus respectivos matrimonios con los de apellido Zaballa, que traían Domingo y Félix. Es decir, fueron dos hermanas que se casaron con dos hermanos.

C) Los padres (como si los titulares de fincas fueran los padres), que así equivalen en cuestión de dejar herencia, aunque no a sus hijos descendientes, que no los tuvieron, sino a sus sobrinas. Estas fueron Rita Zaballa Martínez Céspedes y Simona Francisca Zaballa Martínez Céspedes, (como sobrinas de Domingo

---

[146] Unos versos en *El Adelanto* decían así: Los cuatro monteros / del rey don Alfonso, / los cuatro monteros / mataron un oso /. Cambiando un poco tendríamos: De cuatro familias / por ricas y herencias / hubo en Santa Marta / valiosas haciendas.

Zaballa- Engracia y de Sabas y Félix Zaballa), pues Engracia y Sabas dijeron en sus respectivos testamentos que dejaban algunos de sus bienes a sus sobrinas Rita y Francisca. El matrimonio de Manuel Domínguez Ubago y Francisca Simona Martínez Céspedes tuvo los siguientes hijos:

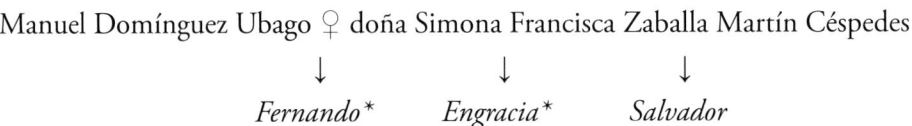

Manuel Domínguez Ubago ♀ doña Simona Francisca Zaballa Martín Céspedes
↓   ↓   ↓
Fernando*   *Engracia**   *Salvador*

A estos señores arriba marcados con asteriscos con sus respectivos cónyuges los podemos considerar la cuarta generación, esto es, equivalentes a biznietos de los que arriba hemos dicho bisabuelos. Y puesto que en Santa Marta, en 1904, hallamos como propietarios a unas personas que son los referidos herederos de Manuel Domínguez, queda justificada la búsqueda de estos entronques familiares. Quedan, pues, señalados los descendientes de dos ramas de aquellos cuatro apellidos con que iniciamos este capítulo. Pasamos a ver el tercer apellido, el Blanco. La familia de los apellidados Blanco presenta el siguiente esquema:

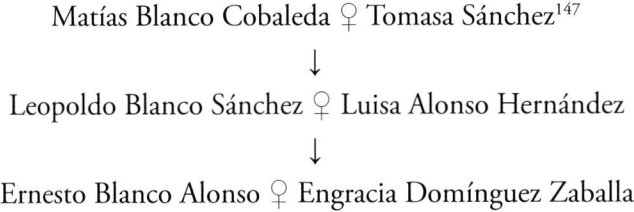

Matías Blanco Cobaleda ♀ Tomasa Sánchez[147]
↓
Leopoldo Blanco Sánchez ♀ Luisa Alonso Hernández
↓
Ernesto Blanco Alonso ♀ Engracia Domínguez Zaballa

Conviene tener presentes las siguientes precisiones: A) Matías Blanco Cobaleda era banquero y rico propietario en diversos pueblos, contaba entre otras propiedades algunas en la socampana de Salamanca. B) Leopoldo Blanco Sánchez era propietario de la Moral de Castro (Garcirrey), y se deja entender que tenía allí suficiente propiedad. Ernesto Blanco, según se ve en el esquema anterior, era nieto de Matías Blanco Cobaleda. Pero también aparece otro señor que nos trae confusión: Juan Blanco Cobaleda, que era afamado ganadero de Calzadilla de la Valmuza. Este señor precisamente anuncia el arriendo de los pastos de la finca la Serna en 1909 y dice

---

[147]   Defunción el 2 de diciembre de 2004? (segundo aniversario): doña Tomasa ♀ Leopoldo Blanco Sánchez. Ella falleció el 6 de diciembre de 1902. Hijos: Ernesto ♀ Engracia D. Zaballa; Alfreda y Aurora. *El Lábaro*. También *El Adelanto*.

que él es el propietario[148]. Más adelante se verá que Ernesto Blanco Alonso, por su matrimonio, resultó ser cuñado de Fernando Domínguez Zaballa*.

Pasamos al cuarto apellido, que proviene de otro tronco familiar, el de los Muñiz[149]. Precisamente este apellido ya estaba presente en Santa Marta en el siglo XIX con Fernando Muñiz, al que seguiría Vicente Muñiz. Luego la sucesión familiar con este apellido fue así:

↓

Vicente Muñiz Calderón de la Barca & (vecino de Fuentes de Ropel)

↓   ↓

Julián.-. José Muñiz Alaiz & (+1884) ♀ Agustina López Zaldívar (1911)

↓   ↓

Dolores Zurita ♀ Santiago.-Carmen Muñiz López & ♀ Cándido León Iglesias

↓   ↓   ↓

María del Pilar León Muñiz * Frca. León Muñiz * José León Muñiz*

Estos tres hijos señalados con asterisco se casaron así:

— María del Pilar León ♀ *Fernando Domínguez Zaballa* * (1)

— Francisca León Muñiz ♀ *Romualdo Sánchez.* (2)

— *Carmen Urech* ♀ José León Muñiz (3). Y junto a ellos se ha de poner el de

♪ Engracia Domínguez Zaballa ♀ Ernesto Blanco Alonso

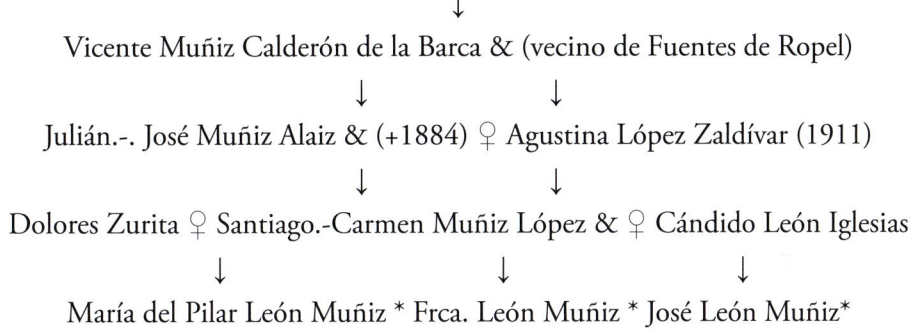

(1)   (2)   (3)

---

[148]   Tenemos, pues, tres interrogantes: A) ¿Cuándo adquirió la propiedad de la Serna Juan Blanco? B) Cómo se traspasó la propiedad de la Serna de 1909 a 1911 de Juan Blanco a Ernesto Blanco: por herencia, donación o compra? C) ¿Por qué los Cobaleda no figuran como propietarios en el padrón de edificios y solares de Santa Marta en 1904?

[149]   Esto es lo que descubre un poder de los años treinta del siglo XIX otorgado el 25 de noviembre de 1841, en el que se dice que don Vicente Muñiz ha sucedido a su padre en el mayorazgo fundado por don Martín Román. Y dice que una de las propiedades es una yugada de tierras en el término municipal de Villaflores.Creo que era en este protocolo en donde salía que era suyo Carpihuelo P. N. 7117.

Según los tres matrimonios primeros aquí reseñados, estarían en el nivel que va dicho de nietos de Agustina López Zaldívar (que murió en 1911) y eran cuartos herederos de las propiedades que sus ascendientes tuvieron en Santa Marta.

Fernando Domínguez Zaballa* ♀ *(Mª. del Pilar León)**

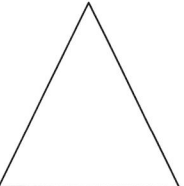

(Carmen Urech) ♀ José León ⚌ Ernesto Blanco♀ *(Engracia D. Zaballa.)*

En consecuencia, Fernando Domínguez Zaballa, Carmen Urech y Ernesto Blanco son cuñados. Pero Ernesto y José León no son nada entre sí. El anterior esquema aclara lo expuesto. Estos tres señores coetáneos tuvieron gran importancia como dueños de la finca llamada la Serna en las primeras tres décadas del siglo xx. Y en esos enlaces resultó que otras dos personas llamadas Carmen Urech y Romualdo Sánchez también se incorporaron como familia colateral.

11.2. Más sobre los enlaces matrimoniales dichos y otros nuevos significativos

Así como en la biografía de una persona, si se hace su historia, deben figurar sus parientes y amistades, así también en la historia de un pueblo no pueden quedar sin mencionar quienes fueron poderosos dueños de parte de su término, ni cómo se hicieron con esas propiedades, ni cómo fueron pasando de unas a otras manos. Todo ello hace historia, y si es posible será conveniente sacarla a luz.

Vamos a especificar algo más, aunque sea brevemente, algunas de las bodas correspondientes de los lazos familiares expuestos en el epígrafe anterior. Servirán estas menciones para caer en la cuenta de dos cosas: la primera que, cuando ha habido una boda en un pueblo, o en un barrio de una ciudad, el acontecimiento ha formado parte de ese pueblo o de ese barrio de una ciudad, y no digamos si la boda fue notoria por el número de asistentes, la música y el jolgorio, los regalos, el banquete nupcial, etc. Todo es conocido por la gente, aunque no participe más que como espectadora. La segunda es que gran parte de estas bodas que se dirán se realizaron en la Serna, que formaba parte del término municipal de Santa Marta. Era esta una finca especial tanto para ser explotada agrariamente como para acoger ratos de ocio y recreo a sus propietarios[150].

---

[150]   Para que se caiga en la cuenta de esto último, se especifica siempre que el acontecimiento sucedió en la citada finca o en el oratorio que en ella había.

El matrimonio uno o primero que abre la serie de nuestra consideración se efectuó antes de 1897. Fue el de don Fernando Domínguez Zaballa con doña María del Pilar León, del cual nacieron tres hijos:

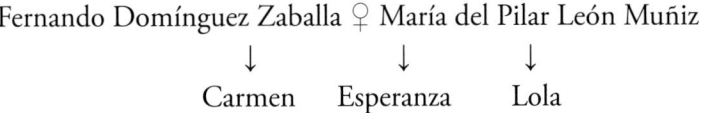

El matrimonio segundo fue el contraído por Engracia Domínguez Zaballa con Ernesto Blanco Alonso, de la Moral de Castro, (al que también podría añadirse como otro apellido más el de Cobaleda). *El Adelanto* ofrece un bonito reportaje en octubre[151] de 1901.

El tercer matrimonio fue el que unió a Francisca León Muñiz con Romualdo Sánchez Velasco, hijo de Joaquín Sánchez de la Peña, de Peñaranda de Bracamonte. La boda se celebró en Madrid en 1907. También la prensa trae información sobre el acontecimiento[152].

Finalmente, el cuarto matrimonio corresponde al efectuado por José León Muñiz con Carmen Urech, que tuvo lugar en enero de 1908.

Podríamos seguir citando más bodas, entre ellas las de tres hermanas, hijas de don Fernando Domínguez Zaballa y doña María del Pilar León Muñiz. Ellos tuvieron tres hijas, Carmen, Esperanza y Lola[153]. Carmen se casó con Manuel Olivera López[154] en

---

[151] Así lo cuenta *El Adelanto* el 7 de octubre de 1901: «En la capilla particular de la respetable señora doña Francisca Zaballa, viuda de don Manuel Domínguez de Ubago, se efectuó ayer el enlace matrimonial de su elegante y distinguida hija Engracia Domínguez Zaballa con el estimado joven don Ernesto Blanco Alonso, de la Moral de Castro (Garcirrey). La boda se celebró en familia a causa del luto que viste la familia del novio. Este ha regalado a la señorita Domínguez, entre otros trajes, el magnífico blanco que lució en la boda, y un soberbio aderezo de brillantes. La novia también ha regalado a su novio valiosos presentes que agregar a los que han recibido de sus numerosas relaciones. Reciban los contrayentes y agregados nuestro más sincero parabién deseándoles eternas felicidades».

[152] Se ha celebrado en Madrid, en la iglesia de la Concepción, el enlace matrimonial de la bella y virtuosa señorita Paquita (Francisca) León Muñiz, hija del que fue en vida nuestro querido amigo don Cándido León Iglesias, y doña Carmen Muñiz López, con el distinguido joven don Romualdo Sánchez Velasco, hijo del propietario don Joaquín Sánchez de la Peña, de Peñaranda de Bracamonte. Fueron padrinos de la ceremonia el padre del contrayente y la tía de la novia Catalina García León Iglesias. La novia vestía un riquísimo traje blanco de encaje. Los invitados en número de 40 fueron agasajados con una espléndida comida *de tournier*. Los novios, a quienes felicitamos, están pasando su luna de miel en su finca de la Granja (Peñaranda)». *El Adelanto,* 1 de julio de 1907. Murió el 7 de mayo de 1968. El matrimonio tuvo cinco hijos: Fernando, María del Carmen, Felisa, Joaquín y Cándido.

[153] He aquí lo que se diría en unas coplas, si se pudieran cantar: *Tuvo Fernando Zaballa, / hijo de doña Francisca, / tres hijas de hermosa talla / cada cual a más bonica. / Carmen, Esperanza y Lola, / las tres gracias o deidades, / a la manera española / buenas dotes y bondades. / Se casaron bien las tres: / Carmen con un Olivera, Lola con un Navascués, / con Estella la tercera.*

[154] *El Adelanto* sobre esta boda ofrece tres referencias. En enero de 1920: Petición de mano: por el diputado a Cortes y prestigioso industrial don Bernardo Olivera y su esposa, ha sido pedida la mano de la

1920. Esperanza se casó con el doctor Luis Estella[155], y Dolores (= Lola) lo hizo con el abogado José María Grande Navascués[156].

Continuando con el apartado de parentescos, véase que el matrimonio de Ernesto y Engracia duplicó en hijos a su cuñado, pues tuvo hasta seis hijos:

Ernesto Blanco Alonso ♀ Engracia Domínguez Zaballa
↓   ↓   ↓   ↓   ↓   ↓
María Luisa, Francisca*, Manuel, Esperanza*, Carmen* Mercedes

A tres de las cuales Francisca[157], Esperanza[158] y Carmen[159] las casó el obispo de salamanca en 1929, 1931 y 1935 respectivamente[160].

---

encantadora señorita Carmen Domínguez León, (hija del acaudalado propietario don Fernando Domínguez Zaballa y María del Pilar León). Ella ha recibido del novio una pulsera de brillantes y él ha recibido una hermosa sortija y un reloj de oro. El novio es don Manuel Olivera López. 4 de febrero de 1920: Próxima boda de la señorita Carmen Domínguez León con don Manuel Olivera López. Y llegó el día del enlace matrimonial: Juventud, afecto, posición social, cuanto constituye la senda más venturosa para llegar a la felicidad son dones preciados, que, como presagio de su dicha, aprisionan en el haz de amor a la feliz pareja que ayer consagró ante el ara del altar su eterna unión. Iba la señorita de Domínguez León ataviada con el blanco traje de ceremonia, une robe de crespón con valiosos encajes de Lymerich, de espléndida elegancia, cuya línea era, en el encanto de su pose angelical. Y cruzaba los salones de su mundo, reverberantes como toda la casa, de fragantes flores traídas de Valencia, para dirigirse al oratorio (en la Serna). Todo daba el prestigio de su presencia al imborrable acto. Irradiaba en su rostro ese dulce contento que parecen infundir las esperadas felicidades de los seres amados. Todo esto se escribió en *El Adelanto* el 22 de marzo de 1920.

[155] El 25 de agosto de 1931 contrajeron matrimonio Esperanza Domínguez León con don Luis Estella, médico, hijo de don Juan Estella Sánchez y de doña Purificación Bermúdez de Castro. Este doctor ejerció en Salamanca.

[156] A las once y media de mañana, 7 de octubre de 1935, tendrá lugar en el oratorio de los señores Domínguez Zaballa, espléndidamente adornado con flores naturales, el enlace de la señorita María de los Dolores Domínguez León con el joven y prestigioso abogado don José María Grande Navascués, de distinguida familia de Cáceres. Apadrinaron a los contrayentes., etc. Da esta reseña *El Adelanto* 6 de octubre de 1935.

[157] El 22 de septiembre de 1929: La boda de hoy: Esta tarde a las cinco en el oratorio de la finca de la Serna se celebrará la boda de la bella y elegante señorita *Paquita Blanco Domínguez,* hija del acaudalado propietario don Ernesto Blanco y doña Engracia Domínguez Zaballa, con el distinguido joven don *Joaquín Sánchez de la Rosa,* abogado, hijo de banquero y exsenador de Cáceres, don Eloy Sánchez de la Rosa. Y el día 24 de septiembre de 1929 se añade: La ceremonia fue en la Serna que está a dos km de la capital. Bendijo la unión, ante un precioso altar, el obispo de la diócesis, doctor Frutos Valiente. *El Adelanto,* días 22 y 24 de septiembre de 1929.

[158] El 5 de septiembre de 1931: Como dijimos, se celebró ayer a las cuatro de la tarde en el palacio episcopal la boda de la encantadora señorita *Mercedes Blanco Domínguez* con el joven abogado de Cáceres don *Diego Rosado*. Casó a los novios el señor obispo de Salamanca. Después de la ceremonia los concurrentes se trasladaron a la finca de la Serna, donde les fue servido un selecto y espléndido lunch, organizándose después un animado baile, donde el elemento joven pasó unas horas agradabilísimas. *El Adelanto,* 5 de septiembre de 1931. Otra boda fue la de su hijo Manuel con Antonia Blanco Rodríguez de Vega, en 1932

[159] El 7 de julio de 1935: La boda de ayer. En la capilla del palacio episcopal, se celebró ayer, a las once de la mañana, el enlace matrimonial de la gentil señorita *Carmen Blanco Domínguez,* hija del acreditado propietario y ganadero don Ernesto Blanco Alonso y de la distinguida señora doña Engracia Domínguez Zabala, con el joven ingeniero de caminos de la Jefatura de Cáceres, don *Manuel Mascarós Barba,* de respetable familia de Huelva. Bendijo la unión el obispo de la diócesis de Salamanca Frutos Valiente.

[160] Fue obispo de Salamanca don Francisco Frutos Valiente desde 1926 a 1933. Lo siguió don Francisco Barbado Viejo.

Hasta aquí hemos visto los matrimonios de la rama de don Fernando Domínguez Zaballa. Que parece que entre ellos hubiera competencia, con Ernesto Blanco, que no la hubo, pues ambos acudían a las que se celebraban, siempre con brillantez. Pero se podría haber escrito lo siguiente:

Van a la par los cuñados, / don Fernando y don Ernesto, / que en la Serna tienen puesto / capilla y un altar sagrados, / para ver hijos casados./ Y celebrando allí bodas/ con brillo y con fuste todas, / hacen Santa Marta base / de enlaces de alta clase, / donde lucen bien las modas.

Se han citado en este apartado las tres bodas de la rama Zaballa y otras tres de la rama Blanco[161]. Quedan por ver algunas bodas más, las de la rama Muñiz[162]. Pero, como ya van siendo muchas bodas, pasamos a exponer algunas consecuencias de estos enlaces matrimoniales.

11.3. Conclusiones deducidas de los enlaces y parentescos mencionados

Por deducción, pues esto no consta estudiado en ningún trabajo, podemos llegar a sacar unas consecuencias, en general favorables para Santa Marta respecto de los matrimonios previamente referidos. Son las siguientes:

a) Uno o varios de los familiares que se mencionan han sido propietarios de Santa Marta.

b) Varias de las familias que se han mencionado dieron trabajo a los vecinos de Santa Marta, e incluso don Ernesto Blanco y don Fernando Domínguez construyeron casas en el término de Santa Marta para vivienda de sus operarios.

c) La relación del pueblo de Santa Marta de Tormes con Salamanca está fundada en la proximidad, en el conocimiento de las personas y en el trato entre ellas,

---

[161] Notas para su biografía y para ver que se casaron todas sus cinco hijas y su hijo según se deduce de la esquela mortuoria. El 14 de abril de 1900 entró como nuevo hermano de la Congregación de Jesús Nazareno, *El Lábaro*. EL Adelanto trae la esquela mortuoria el 18 de enero de 1955: don Ernesto Blanco Alonso, hermano de N. P. Jesús Nazareno y de la V. O. T de San Francisco, falleció el 16 de enero de 1955. Esposa: Engracia Domínguez Zaballa. Hijos: María Luisa, Francisca, Manuel, María del Carmen, viuda de Mascarós y María de las Mercedes Blanco Domínguez. Hijos políticos: Fernando Torres Villar; Joaquín Sánchez Torres, María Antonia Blanco Rodríguez Vega y Diego Rosado Mayoralgo. Misas: Carmen, Tavera de Abajo, Zarapicos, Santa Marta.

[162] Procedente de Madrid pasará aquí una temporada con los señores de León Muñiz (don José) la encantadora señorita **María Luisa Urech**. El Adelanto: 20 de mayo de 1921 Y ocho años después se escribía: «Por la señora viuda de Muñiz (¿Carmen Muñiz López) y para su hijo **don Luis León Muñiz**, ha sido pedida la mano de **María Luisa Urech**, hermana política de nuestro estimado amigo José León Muñiz. El *Adelanto*: 25 de abril de 1929: El 6 de octubre de 1935 María Dolores León Muñiz se casó con don José María Grande Navascués, prestigioso abogado. *El Adelanto*, 6 de enero de 1920: Ha salido para la dehesa de Porquerizas don José León Muñiz con su señora e hijos. En enero de 1908: Es hemano de los señores de Zaballa.

así como en la participación de los de Santa Marta en trabajos y servicios de la capital. Por eso la vecindad de los propietarios no resultaba lesiva para el pueblo de Santa Marta, pues desde la ciudad podía llevarse y se llevaron las explotaciones. Cuando hubiera boda o visitas, habría limpieza de la casa principal de la Serna, arreglo de jardines, etc. y algún que otro gasto en el pueblo, como sitio más próximo para adquirir cosas necesarias que no se habían traído o se habían agotado.

d) Por llevar la explotación de las fincas rústicas en régimen de arrendamiento, pago de rentas, en ocasiones en especie, todo lo cual favorecía la relación, y hacía historia común. Para la boda los renteros posiblemente entregaban en especie alguna cosa: perdices, gallinas, huevos, etc. y alguno de ellos sería invitado a la boda.

En general, estos matrimonios, al igual que los que citaré en otros epígrafes, se fueron desvinculando de las propiedades que podían tener en Santa Marta, especialmente. a la muerte de los titulares,[163] Hay que explicar este hecho por distintos motivos: al ser varios los llamados a una herencia, las propiedades se dividen, y siendo más pequeñas, ya no rentan como las anteriores; además, ya se entra en los años treinta del pasado siglo en que están en boga las ideas de reforma agraria que promueve el régimen republicano; y finalmente las profesiones de los maridos que exigen a algunos de ellos salir de Salamanca. Por todo ello la vida de los matrimonios ya no es la misma que la de sus progenitores, y las ventas de propiedades en Santa Marta resulta evidente.

---

[163]   Esquela mortuoria: Ha fallecido Don Romualdo… Su esposa Francisca de León Muñiz. Sus cinco hijos, y sus hermanos Josefa, y Plácido:// Misas en Ledesma, Aldehuela de la Bóveda, Espadaña.

XII. GRANDES FINCAS EN LOS INICIOS DEL SIGLO XX

12.1. Una fiesta en Carpihuelo

Carpihuelo en la actualidad corresponde al término de Carbajosa de la Sagrada, pero al menos hasta 1860 figuraba en los censos de población como perteneciente a Santa Marta. Por eso mismo, procede traer a colación la fiesta que se hizo en esta finca, que aparece contada en *El Adelanto*, con fecha de 8 de diciembre de 1902, pero no narra todos los detalles que nos gustaría conocer: Dice así:

> Para festejar el acto de haber colocado la bandera en la magnífica casa que en la calle de Toro construye la señora Carmen Muñiz López[164], madre política de nuestro amigo don Fernando Domínguez Zabala, fueron ayer obsequiados con una espléndida merienda los 70 obreros que han tomado parte en la ejecución de la obra. La fiesta se celebró en la alquería de Carpihuelo, inmediata a Santa Marta y Carbajosa, finca que pertenece a la misma señora.
>
> Reinó la mayor cordialidad entre los asistentes que pasaron el día con todo regocijo, el que hubiera sido completo a no ser por respeto al sentimiento que aflige a la familia y su intimidad, y no se hubiera acordado la supresión la corrida de toretes que tenía preparada para diversión de los obreros. Pero todos ellos comprendiendo la situación aceptaron la modificación resignadamente.
>
> Asistió además el maestro de la obra don Isidoro Sánchez y el autor del proyecto y director facultativo de la misma don Cecilio González Domingo, el cual al terminar la corrida (*) dirigió la palabra a los concurrentes haciéndoles ver la consideración altísima a que la respetable familia que da nombre a la casa se hacía acreedora por contribuir a embellecer la población con obra tan importante.

---

[164] La referencia que sigue de «madre política de don Fernando Domínguez Zaballa», deja aclarado quién era: la citada doña Carmen Muñiz López, casada con don Cándido León.

Edificio en la calle de Toro de Salamanca que se construyó para doña Carmen Muñiz López, siguiendo el proyecto de las obras realizado por don Cecilio González Domingo. Fue realizado por el maestro de obras Isidoro Sánchez, y acabado en 1902.

12.2. La Serna: visitas a esta finca y sus descripciones

A) La primera visita a la Serna en 1811 reseñada por Fernando Felipe que usaba varios pseudónimos, uno de ellos era Sir.Ve[165]. Con motivo de este acercamiento, la descripción del periodista apareció escrita en *El Adelanto* en su primera página el 23 de junio de 1911. El título y encabezamiento es como sigue:

> La Granja de la Serna: El verano y la recolección.- La agricultura; su resurrección.- La granja de la Serna.- Casas para obreros.- La vaquería y sus dependencias.- Las vacas.- La leche.- 40.000 arrobas de patatas.- La calidad de la tierra.- Un modelo.

Tras una breve introducción, paulatinamente el visitante expone lo que le van mostrando y él ve con admiración. Pero resulta, por tanto, una somera descripción muy interesante de esta gran finca y de sus aprovechamientos, que dice así:

---

[165]   Sir-Ve fue uno de los pseudónimos que empleó el profesor de francés de la Escuela Normal de Magisterio de Salamanca, don Fernando Felipe, que, casado con una mujer de Sequeros, murió allí en 1947.

A las nueve de la mañana salimos en su coche el señor Blanco, el ingeniero señor Pequeño y yo. Antes de llegar a la granja inmediatamente después del puente de ferrocarril vimos unas doce casas en construcción que el señor Blanco destina a doce de sus obreros. Tras las casas en construcción grandes silos y un espacioso establo para cien vacas. Llegamos a la Granja; a la derecha unos letreros que dicen Paneras, vaquería, forrajes; en frente otro que dice Establos; y a la izquierda otros: Administración, carretería. En la panera hay un motor y al lado las instrucciones para evitar las víctimas de la electricidad.

Lo más interesante es la vaquería, en la que apenas se nota el olor de las vacas gracias a las corrientes de aire que se establece por dos puertas fronteras y a unos ventiladores colocados sobre los montantes. Aún no parece esto suficiente al señor Blanco, nos enseña otros cuatro grandes ventiladores que muy pronto colocará en el tejado. Los pesebres, las cadenas para atar a las vacas, todo estudiado con el mayor esmero. Cerca de allí el establo de engorde que pudiéramos llamar de invierno, porque en este tiempo las vacas todo el día están en el campo. El señor Blanco habla de ellas demostrando la atención que le consagra. Aquel día las habían vacunado contra la tuberculosis y se podía ver examinándoles el corte de pelo que para vacunarlas le habían hecho. Todas ellas o la mayor parte son holandesas y cuestan mil pesetas por cabeza. Ahora se envían a Salamanca diariamente trescientos litros de leche que los compradores se disputan hasta el extremo de ir muchos a solicitar tarjetas de los propietarios para que les vendan algunos litros. Más allá del establo, gallineros, palomares, algo que se piensa cultivar pronto, pero que ahora está casi descuidado.

Salimos de la Granja y la vista se extiende a los lejos, sin abarcar el fin del recinto que llega hasta Santa Marta. Campos sembrados de patatas, de alfalfa, de avena, de maíz, de habas. De forrajes hay una verdadera riqueza y en patatas un capital. Según me dice el señor Blanco tiene sembradas tres mil arrobas de patatas que darán de treinta a cuarenta mil arrobas, [que] vendidas a peseta [cada arroba] (no es muy caro) representan unos cuartos. Recorriendo los sembrados vemos un inmenso estanque, más parecido a una plaza de toros que a ninguna otra cosa. Tiene treinta metros de diámetro, y hará unos mil quinientos metros cúbicos de agua.

Cansados de correr tierra volvemos a la administración donde los propietarios se han reservado cómodas y bonitas habitaciones. Tomando un vaso de cerveza, el señor Pequeño me habla con su conocida competencia de lo que acabamos de ver. La tierra —me dice— es la tierra tipo, hecha a gusto de un laboratorio no se puede hacer mejor. Y el señor Blanco añade: No es mejor la de Valencia, ni la de Murcia, ni ninguna de las que tanto se celebran. Yo tengo fuera otras explotaciones y a los pocos años se cansa la tierra. Aquí hay [un] pedazo que lleva roturado treinta años y no ha habido que abonarle. Descansamos y salimos a ver un jardín que hay cerca de la casa[166].

---

[166]   *El Adelanto*, 23 de junio de 1911, primera página. *Sir-ve*. El periodista continuó diciendo: «Mientras mis acompañantes hablan de semillas y de tierras, yo pienso en lo que acabo de oír: Si esta tierra salmantina es tan fructífera ¿qué le hace falta? Cariño de los que la trabajan. Y oyendo la fe con que el señor Blanco hablaba y los elogios que hace del acierto con que coopera el señor Zaballa, pienso que con pocos

B) La segunda visita a la Serna, publicada en *El Adelanto* el 9 de julio de 1917. Es también una exposición amplia, hecha con ocasión de la visita que hizo a Salamanca el insigne doctor Cortezo de Madrid. Dice así:

> Don Fernando Domínguez Zaballa y su hermano político señor León hiciero los honores de la Casa a los visitantes con la prócer amabilidad tradicional. El doctor Cortezo visitó detenidamente todas las dependencias de la Granja. Admiró los vergeles que festonean el río, las alamedas y jardines plantados en plena aridez de Castilla, la instalación de motores para el riego, los establos limpios y pulquérrimos, los prados, el ganado de pura raza suiza y holandesa escuchando con vivísimo interés las manifestaciones del señor Zaballa, sobre todo los detalles del establecimiento.
>
> En la arboleda central de la Granja se sirvió, por el Hotel del Comercio [de Salamanca] un espléndido y delicado lunch, compuesto de helado, leche del establecimiento de la Serna, pastas dulces y un bollo primorosamente confeccionado con dedicatoria al doctor Cortezo. El señor Cortezo elogió calurosamente la inteligencia, celo y magnificencia de los señores Zaballa y Blanco para exponer en pleno yermo castellano un oasis encantador y una explotación modelo en la península.

C) La tercera visita a la «magnífica finca» de la Serna la realizaron los alumnos de sexto curso de la carrera de Ingeniero Agrónomo. Ellos fueron recibidos por los señores Zaballa y Blanco, en tanto que el ingeniero agrónomo de Salamanca dirigió la práctica. La refiere *El Salmantino* el 17 de abril de 1913. La crónica dice que visitaron las siguientes cosas:

1. Las grandes plantaciones de arbolado. 2. La disposición de las parcelas de regadío.3. Los cultivos forrajeros. 4. La maquinaria destinada a preparar los alimentos del ganado: trituradora de granos, cortadora de raíces, calderas de cocción. 5. Los establos y, en ellos, los magníficos ejemplares de vacas lecheras y el toro Sewitz, destinado a semental 6. Las numerosas crías resultantes de selecciones y cruces. Y no se dice nada de algo que también había que consistía en una zona para trillar y otros prados; caminos o viales; paneras y pajares.

Lógicamente la reseña no pudo recoger todas las explicaciones que dieran los dos propietarios y el ingeniero. La aclaración se hace en algunos de esos puntos. Por ejemplo, que los árboles servirán para que en las crecidas del Tormes el agua no entre en los sembrados, arrastre tierras y los destruya, y que, puestos en espaldera, mitigan los vientos fuertes y los sembrados. El cultivo de forrajes servirá para que las vacas tengan alimento adecuado todo el año. Es decir que en la Serna los dueños han gastado dinero en instalaciones y equipos, conocen los avances modernos y los

---

ejemplos como éstos, la agricultura salmantina se colocaría en poco tiempo a la cabeza; y pienso también que debo escribir estas líneas para que aquellos a quienes interesen los problemas del campo, sepan dónde pueden verlos resueltos».

aplican en su finca. Nada es de extrañar la admiración que causa la finca y de las cantidades cosechadas. La prueba de esta última afirmación la encontramos en los diferentes anuncios comerciales, de los que se pueden deducir por dónde iban las cosechas obtenidas[167].

D) La cuarta visita a la Serna y fiesta en ella con ocasión del Somatén de Salamanca. Se realizó con ocasión de la jura de bandera por el somatén de Salamanca en junio de 1924. He aquí resumido lo que se fue diciendo durante varios días en *El Adelanto:*

> El próximo día 29 de junio, fiesta de San Pedro, tendrá lugar la bendición y promesa del somatén salmantino. Será madrina de la bandera del somatén la ilustre y aristocrática dama Excma. duquesa de Fernán Núñez, marquesa de Mina que vendrá de Madrid ex profeso para este acto. Le acompañarán su esposo el Excmo. señor duque de Fernán Núñez, marqués de la Mina, sus hijos el Excmo. señor duque del Arco, la Excma. Señora condesa de Elda y la bellísima señorita Luisa Falcó Ximena.
> La Excma. Señora duquesa de Fernán Núñez será obsequiada con una comida en casa del señor Zaballa y por la tarde en la hermosa finca de su propiedad conocida con el nombre de La Serna con una típica fiesta charra para lo cual se están haciendo las oportunas gestiones a fin de contratar a dos parejas de afamados bailadores charros del vecino pueblo de los Villares de la Reina.

Grupo de las parejas de bailes charros celebrados en la brillante y espléndida fiesta organizada por el señor Zaballa en su finca de la Serna. Foto de Emiliano. *El Adelanto.* El color ha sido dado por mí.

---

[167]   A la vez que se da cuenta de esta visita, también se cita otra realizada a La Granja, que era una entidad oficial bajo la Diputación Provincial, estaba situada en la Aldehuela y estaba destinada a prácticas. También los alumnos vieron en esa explotación agraria novedades interesantes.

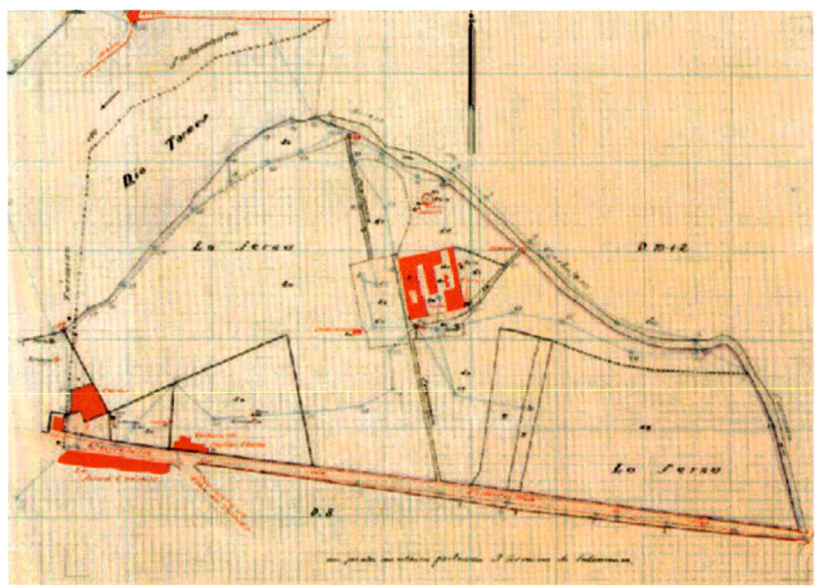

Plano de la finca la Serna en el Catastro de Rústica, 1932.

12.3. Grandes cambios que sufrió la producción tradicional en La Serna con las nuevas explotaciones agrarias mencionadas. Anuncios de ventas

Como se ha ido diciendo, la Serna era una gran finca. Mirando en el plano adjunto, se advierte muy bien su situación, Se encontraba ubicada tocando a la raya oriental del término municipal de Salamanca, como acogida al sur de un recodo que forma el río Tormes. En el lado oriental de la Serna, en el río se ve una isla alargada llamada el Soto. El terreno de la Serna es llano con leve inclinación hacia el norte, que es la dirección que toman las aguas de escorrentía y un pequeño arroyo. La carretera de Salamanca a Madrid atraviesa la finca horizontalmente. La Serna tiene construida junto a la mencionada carretera unas casas y alguna otra edificación, y muy cerca de estas se encuentra el ventorro. La comunicación con Salamanca y con el pueblo de Santa Marta es fácil y, además, la distancia es corta. Eso facilitaba el transporte de las cosechas y el desplazamiento de mano de obra cuando era menester.

A comienzos del siglo xx la Serna ha sido reconstituida en una gran propiedad, y aunque sus dueños sean varios, lo cierto es que se explota en proindiviso como si fuera de una sola persona. Ahora vamos a ver un gran estanque para regadío, una gran plantación de árboles frutales, modernos establos con agua para limpiarlos, ventilación de gases; bombas para sacar el agua del pozo, construido junto a la casa principal, máquinas ordeñadoras y un elevado número de obreros dirigidos por capataces expertos. Y probablemente se han seguido las indicaciones de don José Pequeño, que en cierta ocasión, estando en la Serna, ponderó muy favorablemente las explotaciones agrarias comentando que el suelo era muy fértil y de calidad excepcional. Acaso también pesen en esa transformación las orientaciones del ingeniero agrónomo de Salamanca don Juan Miranda.

La Serna ha experimentado una transformación del paisaje: los árboles que se han plantado, los nuevos cultivos como el maíz, las patatas y otros de regadío, y las edificaciones nuevas, con naves para el ganado, con salas para atender usos agrarios.

12.4. VISITANTES DE LA SERNA

1. Don José Pequeño, director de los pósitos.

2. Don Antonio Cortezo. Este señor era en 1917 presidente de la Real Academia de Medicina y un alto cargo de Sanidad Nacional. Vino a Salamanca el 9 de julio de 1917 para exponer en esta ciudad la creación de un colegio para huérfanos de médicos; también con la intención de defender la dignidad de los médicos. Impartió una conferencia especialmente a los médicos de la Facultad de Medicina. El día de su llegada fueron a la Serna a recibirlo los doctores don Antonio Calama y don Andrés García Tejado. En la Serna don Fernando Domínguez Zaballa y su hermano político, el señor León, hicieron los honores de la casa con la amabilidad tradicional. El señor Cortezo visitó detenidamente todas las dependencias de la Granja de la Serna y elogió las explotaciones.

3. El cardenal Segura. que fue arzobispo primado de España, en Toledo. Vino a Salamanca el 3 de abril de 1929. Fueron a esperarlo a Santa Marta el señor obispo, que entonces era don Francisco Frutos Valiente, y el canónigo don José Artero.

4. Don Francisco Frutos Valiente. Obispo de Salamanca. El 4 de septiembre de 1929, en el oratorio de la Serna, ante un precioso altar, bendijo la unión de la bella y elegante señorita Paquita Blanco, hija de don Ernesto Blanco y doña Engracia Domínguez Zaballa con don Joaquín Sánchez.

5. Don Luis Diez del Corral, gobernador civil de la Provincia. Con fecha 28 de marzo de 1915, con motivo de una de la avenidas del Tormes. En el pueblo de Santa Marta el agua llega a las puertas de las casas. Esa tarde fue a Santa Marta el gobernador civil, acompañado del ingeniero de Obras Públicas.

12.5. ANUNCIOS DE VENTAS DE PRODUCTOS DE LA SERNA

Los anuncios de ventas de productos procedentes de la Serna son un testimonio estupendo y fehaciente de lo que en esta finca se producía, y en algunos casos dejaba incluso entrever las cantidades. Los anuncios en la prensa local justifican que la producción está destinada a la venta, y es su mercado cercano y principal la ciudad de Salamanca. También el tamaño del anuncio es, a su vez, importante, porque, si es grande, deja entender una gran empresa, y lo contrario, si es pequeño, por lo general responde a un pequeño negocio. Los anuncios de la Serna no son desmesurados, pero sí suficientemente claros y llamativos y de un tamaño medio. He aquí unos ejemplos:

«Granja la Serna».- Venta de patatas superiores seleccionadas Precio, 1,25 pesetas los 11,5 kilos (arroba). Para pedidos y encargos, en la lechería de la granja «La Serna», plaza de la Libertad, 11 Salamanca: de 10 a 4.

GRANJA **LA SERNA**

Estabulaciones en pleno campo

Vacas de pura raza Holandesa y SCHWYZ

PRODUCTOS AGRICOLAS EN GENERAL

Para pedidos y encargos:

LECHERIA "LA SERNA,,

11, PLAZA DE LA LIBERTAD, 11

SALAMANCA

Este anuncio está tomado del *El Charro*, Año I, n.º 2, día 5 de febrero de 1914.

Subasta de leña del arbolado de la carretera de Villacastín a Vigo. A las diez y seis horas del día 6 de Febrero próximo tendrá lugar en la casilla de camineros peones, situada en La Serna, según las condiciones que se expresan en los anuncios colocados en la referida casilla y en los Ayuntamientos de esta capital y Santa Marta de Tormes.

30 y 31 E. y 3 F.

El 31 de enero de 1916 se anuncia esta subasta en *El Adelanto*. El anuncio se repite otro día.

XIII. DEMOGRAFÍA Y URBANISMO

Vamos a presentar el número de vecinos que tenía Santa Marta, que es un recordatorio. Conviene advertir que el número de vecinos se solía dar con motivos fiscales. Por eso, y porque las viudas son consideradas cada dos un vecino, no acaban de ser plenamente realistas. Sin embargo, en un pueblo pequeño la variación vecinal es escasísima y, por tanto, se muestra bien la evolución del número de familias en líneas generales.

TABLA 12. Número de vecinos a lo largo de los siglos

Documento	Fecha aproxi.	Nº de vecinos
Averiguación Carlos I	1530	De 30 a 50
Libro Aldeas y Lugares	1604-1629	30
Censo en Simancas	1684	17
Relación del obispado	1747	25
Catastro de Ensenada	1752	20
Censo de Floridablanca	1787	
Diccionario de Miñano	1828	30
Boletín O. de la Provinc.	1834	30
Diccionario de Madoz	1845-1850	35

Fuente: Realización propia.

Vista la evolución del vecindario, es obvio que, quitando la caída del siglo XVII, el número de vecinos durante la Edad Moderna varía muy poco, pudiera ser uno o a lo sumo dos vecinos. Es a partir de mediados del siglo XIX cuando comienza un crecimiento vecinal muy lento.

Pero más que el número de vecinos, interesa conocer el número de habitantes y ver qué grupo de edad es el predominante, si es que hay alguno.

13.1. Evolución demográfica

Tabla 13. Cantidad de habitantes

Fecha Vecinos	Habitantes	Documentos
1747.25	97	Vecindario del obispado
1752.20	80	Catastro de Ensenada
1787	131	Censo de Floridablanca
1828.30	128	Diccionario de S. de Miñano
1832.30	102	Diccionario por S. Literatos
1833		BOPSA
1842		BOPSA
1845.35	143	BOPSA –P-Madoz
1850.35	120	BOPSA
1857.35		BOPSA Epidemia de Cólera
1863.44	190	Diccionario de J. L. Polín
1867	187	Censo oficial de población
1877	157	Censo oficial de población
1887	177	Censo oficial de población
1900	159	Censo oficial de población
1910	222 (174) Espasa	Censo oficial de población
1920	392 (252) Espasa	Censo oficial de población
1930	389	Censo oficial de población
1940	398	Censo oficial de población
1950	558	Censo oficial de población
1960	1.212	Censo oficial de población
1970	1.629	Censo oficial de población

Fuente: Realización propia.

13.2. Comentario a la evolución de la población

Tanto el número de vecinos como el de habitantes dejan claro que en todo momento hasta los años sesenta del siglo XX Santa Marta fue una aldea pequeña. Durante los siglos XV al XIX no experimentó ningún crecimiento demográfico notable. Los datos estadísticos no dejan ver si padeció alguna epidemia, pero, en todo caso, si el pueblo tuvo en algún momento un leve crecimiento demográfico, luego por diversas circunstancias también volvió a caer ocasionalmente en retroceso de población.

Los datos del vecindario realizado por el obispado de Salamanca a mediados del siglo XVIII parecen ser más ciertos que los del Catastro de Ensenada. Aquel documento da 25 vecinos, y este último da solamente 16 y cuatro viudas (que solían contarse cada una como medio vecino, pero considerándolas un vecino, se llegaría a 20, por tanto faltan 5 vecinos). Y si bien es cierto que en el Catastro de Ensenada se especifican uno a uno y hasta se numeran, como en otro epígrafe hemos visto, lo cierto es que en este mismo documento se dice que hay 27 casas de viviendas, en las cuales se incluyen siete sin morador. Aunque dos de ellas se ocupan a temporadas. Y se especifica el dato curioso que dice que las cinco casas restantes, aunque se hallan reparadas, no hay bastantes vecinos para ocuparlas. Ciertamente es un dato curioso, pues, mientras en muchos lugares no había bastantes viviendas para todos los vecinos, aquí sucedía al revés.

En el censo de Floridablanca el crecimiento demográfico es grande, pues se alcanzan los 131 habitantes, teniendo en cuenta que la década de 1770 en especial fue señaladamente de carestía y de hambre, al menos en una parte de Salamanca, como fue la Sierra de Francia.

En el siglo XIX también aparece otra vez una tímida expansión demográfica, y llega un momento en que alcanza un nivel demográfico superior a los 150 habitantes del que ya no va a descender en adelante.

En el libro de difuntos de la parroquia se anotan los difuntos que hubo durante 1885, que es otra invasión de la epidemia de morbo. En esta ocasión en los meses de julio y agosto murieron 19 personas, de las que tres eran párvulos. Es decir, la mortalidad fue grande, exagerada. Sin embargo, en la estadística no se deja ver. Pero significa que, de no haber llegado esta enfermedad contagiosa, el crecimiento habría sido considerablemente mayor.

Es significativo que en 1887, dos años después de la epidemia de cólera morbo, la población alcance los 177 habitantes (que se queda en 167 residentes). A fines del siglo XIX en la provincia de Salamanca hay algunas epidemias locales, como la del dengue y la de sarampión, pero también es significativa la emigración a Hispanoamérica. En Santa Marta se aprecia una leve caída demográfica, pues en esa época los habitantes son 159. No entramos en las posibles causas de ello, pues es poca cosa. Pero, a partir de 1910, se da siempre crecimiento, y es muy significativo el registrado en el censo de 1920, pues se ha pasado de 159 a 222 habitantes, es decir, 61 de crecimiento, que significa un crecimiento del 48,6 %. Los siguientes censos de población manifiestan una subida constante de suerte, pues cada diez años aumenta la población del pueblo más de cien habitantes. Dos fueron las causas: una el número elevado de nacimientos, en lo que hay semejanza con muchas poblaciones, y la inmigración, en lo que se asemejan a lo que sucedía en las capitales de provincia, y aquí pudo estar en consonancia con su cercanía a la capital y la mayor facilidad para encontrar vivienda y más económica que en la ciudad.

Entrada a Santa Marta *circa* 1965.

XIV. EVOLUCIÓN URBANA
DE SANTA MARTA

14.1. Antigua configuración urbanística de Santa Marta

Tres accidentes geográficos marcaron la estructura urbana de Santa Marta: el Tormes, que impidió su expansión hacia el flanco norte, un regato, que prácticamente dividía en dos el núcleo antiguo, y la carretera de Vigo a Villacastín, que atravesaba el pueblo en sentido de O a E. Contrariamente a infinidad de aldeas que desde su origen nacieron a lo largo de un camino y fueron creciendo en ese sentido longitudinal, aquí sucedió que la vía cruzó el pueblo y, hasta época muy reciente, no fue el eje propiciatorio del crecimiento urbano.

Lo exiguo del vecindario posibilitó que quedasen como eras contiguas a la población una serie de prados que ya en nuestros días sirvieron para catalogarlos como solares, espacios amplios para construir viviendas. Pero el pueblo, hasta llegar a formarse una estructura urbana nueva, grande y distinta de la antigua, estuvo muchos siglos con muy poca variación. Tres eran los edificios señeros: la casa consistorial, con la escuela adosada; la iglesia y la aceña o el molino.

Según los planos del catastro de rústica, la estructura del caso urbano principal presentaba dos bloques separados por un regato que bajaba de sur a norte a confluir en el Tormes. Pero también había una calle en sentido horizontal que se correspondía con la carretera de Vigo a Villacastín.

El hábitat era francamente concentrado, y destacaba con claridad un núcleo, pero no tan compacto que no hubiera calles entre las pocas casas que componían el referido casco urbano[168]. Muchos siglos atrás hubo una «casa sola», y hubo una «casa de las viñas», pero estas casas, al llegar la época reciente, ya no quedaban. También desapareció la casa única que había en Carpihuelo. En el siglo XIX se construyó la casilla de camineros (que hemos visto que ocupó suelo del término salmantino) y más tardíamente el ventorro, que quedan separados casi un

---

[168] Algunos mapas levantados con motivo de la batalla de Arapiles reflejando la posición.

kilómetro del casco urbano antiguo. Llegado el siglo xx, van apareciendo las casas para obreros junto a la carretera de Madrid en la Serna, y el gran edificio de don Fernando Zaballa, más otros que necesitaba su granja como establos, invernadero, estanques y pozos. Había nacido un pequeño arrabal en la Serna, pero separado del núcleo antiguo más de un kilómetro, que no rompió la estructura del núcleo principal.

En el casco antiguo esencial del pueblo se ofrecían una docena de calles y una plaza. Las calles se denominaban así: Rúa, del Sol, del Aire, Larga, de las Eras, de la Iglesia, del Río, de la Constitución, Flor, Mayor, de la Fragua y de la Serna El núcleo concentrado no quiere decir apiñado, ni las manzanas urbanas tenían igual superficie ocupada, quitando tres o cuatro manzanas más extensas que englobaban tenada y corrales, otras agrupaciones eran de muy pocas viviendas y daban lugar a tener límites a varios aires, y como consecuencias se formaron a calles muy cortas.

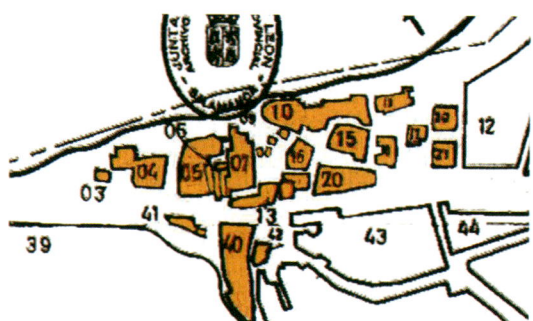

Plano del casco urbano antiguo de Santa Marta. Van numeradas las manzanas construidas. Catastro de urbana.

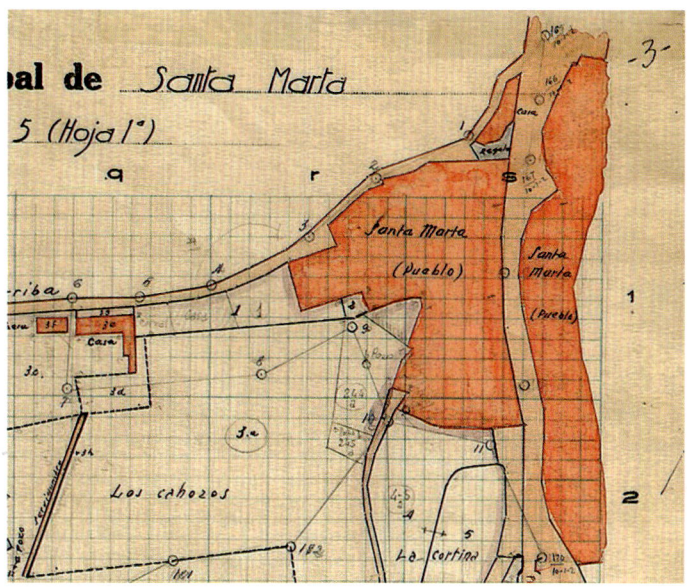

Plano (incompleto) del casco antiguo del pueblo de Santa Marta según el catastro de rústica de 1932.

El Diccionario Espasa expone que Santa Marta, según el censo de 1910, cuenta con 98 edificios y 174 habitantes. De ellos son 7 edificios y albergues aislados con 11 habitantes. En 1920 ya cuenta con 252 habitantes. Pero no dice que a partir de 1912 se hicieron viviendas para obreros en la Serna.

Hay diversas fotos aéreas que también transmiten la estructura urbana y muestran que el núcleo principal se encuentra cercano al río Tormes y se formaba por varias pequeñas manzanas de viviendas y piezas de servicio agrario. Las antiguas fotos muestran igualmente que las edificaciones eran por lo general de un solo piso. Y además también se sabe que la estructura interior de las viviendas resultaba muy semejante a la que tuvieron en épocas pasada las viviendas de la comarca de la Armuña de Salamanca.

Vista aérea del casco urbano, el Tormes y parcelas colindantes. Foto tomada por el Vuelo Americano de 1927.

Vista aérea de la plaza de la iglesia.

14.2. EDIFICIOS Y VALORACIÓN DE ELLOS EN LA PRIMERA MITAD DEL SIGLO XX

En el primer tercio del siglo XX destacan dos edificios muy notables, el de don Fernando Zaballa en la Serna, y el de don Tomás Marcos Escribanos. Con todo, ya en esa época había comenzado la aparición de algún chalet, como vivienda de verano, tendencia constructiva que cortaron la Guerra Civil y los difíciles años de posguerra.

El crecimiento en número de edificios y la modificación lenta del urbanismo se puede seguir a través de los documentos del denominado Registro Fiscal de Edificios y Solares. Estos documentos se realizaban por los Ayuntamiento de cuando en cuando en virtud de la legislación proveniente del Ministerio de Hacienda. Su finalidad consiste en establecer una contribución justa y equitativa atendiendo a una valoración que se fija teniendo en cuenta el llamado «líquido imponible». De Santa Marta hay varios de esos padrones de edificios y solares. Uno de ellos es de 1904, pero vamos a considerar el que es posterior y que fue efectuado poco antes de finalizar 1931. Según este registro urbano, Santa Marta, atendiendo a la contribución urbana anual, contabilizada en pesetas, da los siguientes resultados:

TABLA 14. Número de contribuyentes de urbana en Santa Marta

Contribuyentes de urbana pagan anualmente en pesetas	Número de Contribuyentes
De 0 a 10 pesetas	85
De 10 a 20 pesetas	13
De 20 a 30 pesetas	7
De 30 a 40 pesetas	1
De 40 a 50 pesetas	–
De 50 a 100 pesetas	1
Total	107

Fuente: Realización propia.

De ese total de contribuyentes destacan dos: los señores de Zaballa y don Tomás Marcos Brozas, Ernesto Blanco y Sr. Muñiz. Cada uno de estos tiene los edificios, cuyo líquido imponible es el siguiente:

TABLA 15. Inventario de edificios existentes en Santa Marta en 1931

Contribuyente	Situación calle o plaza	n.º	Liquido imponible	Contribución pesetas-cts.
Srs. Zaballa	Constitución	11	6	1,26
	Aire	9	6	1,26
	Granja Serna	7	7	1,47
	Aire	2	54	11,34
	Aire	4	81	17,00
	Granja Serna	1	16	3,36
	Granja	2	272,45	57,20
	Rúa	23	18	3,77
	Sol	29	18	3,77
	Constitución	21	18	3,77
	Iglesia	11	18	3,77
Ernesto Blanco	Constitución	17	18	3,77
T. M. Escribano	Mayor	3	18	3,77
Sr. Muñiz	Eras	5	18	3,77
	Flor	7	18	3,77
	Rúa	9	18	3,77
	Fragua	13	80	16,80
	Sol	15	18	3,77
	Ángel	10	10	2,10
	Flor	10	28	5,87
	Rúa	8	10	2,10
	Larga	2	80	17,01
	Plaza del Río	2	2,50	0,52
	Granja Serna		150	31,60
	Barrio Chico	2	6	1,26
T. M. Brozas	Plaza del Río	1	12	2,52

Contribuyente	Situación calle o plaza	n.º	Liquido imponible	Contribución pesetas-cts.
T. M. Brozas	Iglesia		4	0,84
			4	0,84
			134	
			107,20	22,50
			9	1,89
			4	0,84
			7,50	1,57
			13,50	2,83
			2	0,42
			96	20,16

Fuente: Realización propia.

14.3. EDIFICIOS SINGULARES

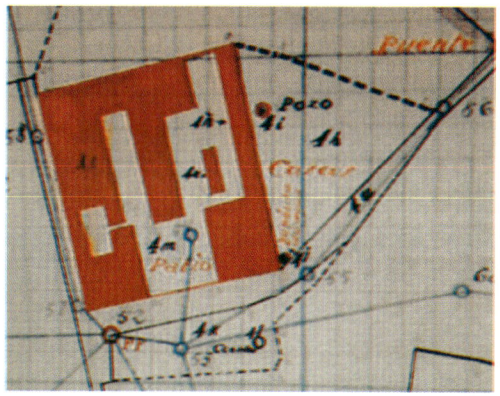

A) La mansión de don Fernando Domínguez Zaballa. Estaba situada en la parte septentrional de su finca de la Serna. Según el plano de la misma, constaba de un patio de entrada y tres piezas o pabellones, uno central y dos colaterales, el de la izquierda (según se mira) tenía a su vez otro pequeño patio. Según la escala gráfica, la edificación formaba um rectángulo de unos 22 m de ancho por 28 m de fondo. Fuera de la casa y para su servicio se hallaba junto al muro de la vivienda un depósito de agua, y también en la proximidad de edificio se había perforado un pozo. Y toda la construcción y um jardín, quedaban como acotados o reservados. Dentro de la vivienda las habitacioness se diferenciaban con sus nombres como recibidor, comedor, dormitorios. Desde la casa partía un camino que conducía al Tormes que se cruzaba por un puente, se supone que de madera o sencillo. Ni la casa ni el puente se conservan.

B) *La casa de don Tomás Marcos Escribano.* Cerca del pueblo, pero no en el próprio caso urbano. Esta tenía que ser uma vivienda especial, ya que em alguna ocasión se especificó que estaba en una quinta, en donde el eminente letrado despachaba mientras vivia en ella, y recíbía a personajes como a don Miguel Maura.

C) *La aceña o molino en la margen izquierda del río Tormes.* El conjunto edificado consta de dos edificios, uno para vivienda y el otro para el molino de agua. Actualmente está restaurado.

D) *La casa del vicecónsul de Francia,* que fue don Almícar Ferrón Drouin un francés que vino España y primero estuvo en Zamora, luego Ciudad Rodrigo y finalmente en Salamanca, pero se fue a vivir a Santa Marta y murió en su «villa» en esta población.

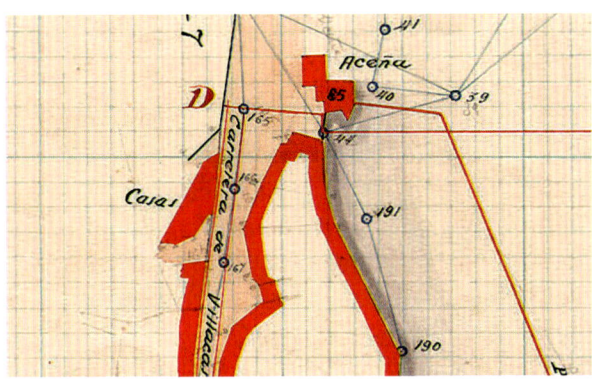

Planta de la aceña

XV. LA IGLESIA Y LO RELIGIOSO. LA ENSEÑANZA PRIMARIA

15.1. Un tema con varias ramas

Todo lo tocante a la iglesia (y también a la ermita) del pueblo puede ser considerado desde varios puntos de vista: los ingresos y gastos anuales; los que estuvieron al frente de la iglesia como beneficiados, ecónomos o párrocos; el edificio (o fábrica, como se decía siglos atrás) atendiendo a su construcción y a su mantenimiento; las imágenes, el contenido o las piezas de valor artístico que tuvo y conserva o que se han perdido (y es tema de Historia del Arte); las fundaciones como cofradías, capellanías y vínculos; la advocación patronal y las fiestas religiosas, etc.

15.2. Diezmos y primicias

Hasta la desaparición legal de los diezmos en el siglo xix, cada parroquia llevaba un cuaderno en que se registraban anualmente los ingresos de diezmos y primicias y su reparto. Muchos de esos apuntes se conservan en el Archivo Diocesano de Salamanca con la denominación de libros de tazmías. De Santa Marta no queda este libro, pero la información del Catastro de Ensenada da cuenta de las cantidades recogidas en un quinquenio. Además, hay anotaciones en el *Libro Becerro de la catedral de Salamanca* que también permiten conocer en otras fechas las cantidades de diezmos y primicias.

Antes de exponer las cantidades recibidas en especie y en dinero, hay que exponer que las propiedades del estamento eclesiástico, por lo general, no pagaban diezmos, que de otra forma se decía eran tierras «horras», de suerte que, teniendo en el término de Santa Marta mucha propiedad el cabildo catedralicio, el beneficio de San Pablo, las monjas carbajales, la clerecía de San Marcos y otro titulares del estamento eclesiástico, era mucha la propiedad que quedaba exenta de pago de diezmos. Las primicias significaban unos ingresos bastante reducidos, pues se pagaban solamente cuando llegaba el labrador a coger más de 15 fanegas.

Atendiendo a la mayor claridad de las cuentas, presento los diezmos de las especies recibidas por los diezmos en un quinquenio en la cilla de Santa Marta, en el quinquenio de 1779 a 1783. Cantidades que tocaron a un tercio (tres novenos), que era el correspondiente al beneficio curado.

TABLA 16. Diezmos que entraron en la cilla de Santa Marta

Dinero	Corde	Quesos	Pollo	Trigo	Centen	Cebada	Garroba	Gar	Año
222	5	18	6	16,3	12,3	7,6	5,6	1	1779
245	6	8	3	34,6	4	26	2	1,5	1780
259,5	7	17	6	56	14,5	27	6	1,5	1781
282,5	3	12	6	65,5	24	8,5	3	1	1782
163	6	20	3	58,6	22	13,5	3,5	1	1783
234,4	5,4	15	4,8	46,2	15,36	16,52	4,02	1,2	Media

Fuente: Realización propia. La cantidad de granos va dada en fanegas.

Los diezmos y las primicias se repartían del siguiente modo: lo que entra en la cilla de este lugar se divide en nueve partes llamadas novenos. Tres novenos pertenecen a su beneficiado; tres pertenecen al préstamo (que goza don José Roldán, presbítero de la villa de Atienza); dos a la real Universidad de Salamanca; y uno a la fábrica de la iglesia de dicho lugar. A esto hay que sumar lo que le toque de primicias, y hay que deducir lo que le corresponda de la veintena, y los gastos de cilla y de cillazgo.

Como se puede apreciar, las cosechas variaban de un año a otro. En trigo un año el diezmo supuso 16,3 fanegas, y otro año alcanzó 58. Nueve años después de 1783 (arriba puesto), en 1792 correspondió esto a un tercio.

A fines del siglo xviii y primeras décadas del xix, se fue difundiendo en los pueblos salmantinos el cultivo de la patata, que dio lugar a reclamar los diezmos que llamaban los novales. En Santa Marta no he visto citado este cultivo, y menos reclamación por diezmos novales. Tampoco he visto citado el pago del voto de Santiago. En todo caso le quedaba ya poco tiempo para seguir en vigor, pues los diezmos y el voto de Santiago fueron suprimidos en el siglo xix.

TABLA 17. Préstamo en 1792 e igual cantidad toca al Beneficio. La fábrica de la iglesia

Especie	El Préstamo		La Fábrica	
	Cantidad	Dinero	Cantidad	Dinero
Trigo	44	887,5	14	295
Centeno	13	200	5	65
Cebada	17	199,5	4	67
Garrobas	3	57,5	5	76
Garbanzos	1	55,7	1,7	15
Pollos	4,5	4,5	}	14
Libras de queso	28	35,7		
Corderos	5	60		19
Dinero de mesa		221,7		78
De propiedad				163
Total	115,5	1.722,41 reales	29,7	731

Fuente: Realización propia[169].

15.3. Ecónomos y párrocos

La parroquia de Santa Marta en 1854 pertenecía al arciprestazgo de Arapiles y aún seguía siendo su anejo religioso. *La Semana Católica* da cuenta el 23 de abril de 1887 de la modificación parroquial efectuada en la diócesis de Salamanca y en los arciprestazgos. Según este arreglo, quedaban en la diócesis salmantina 11 curatos de término y 54 de ascenso, y entre ellos se hallaba el de Santa Marta.

Desde el año 1852 se puede seguir, en líneas generales, la sucesión de presbíteros encargados de la parroquia. Estos son los mencionados:

- Don Jerónimo Gil Santos murió el 14 de noviembre de 1852 a los 83 años. Era natural de Avecilla de Fulgosa (Astorga). Testó ante Modesto Sánchez. Posteriormente se descubrieron algunos errores en las cuentas parroquiales.

- Don Juan Viña, 1853, párroco del lugar de Carbajosa y encargado de Santa Marta.

---

[169] He suprimido en las especies los «cuartillo», y en el dinero los maravedís, de suerte que hay hecho un redondeo para mayor claridad.

- Don José Rodríguez murió el 7 de agosto de 1854. Era natural de San Esteban del Castillo (Orense). Fue guardián del extinguido convento del Calvario de Salamanca. Testó ante el escribano Felipe Neri el 31 de mayo de 1848.

- Don Domingo Herrero es el ecónomo de agosto de 1854, y al mes siguiente ya ha pasado a serlo Francisco Egido, ecónomo en 1854 a diciembre de 1858.

- Don José Arce, de 1859 a enero de 1861.

- Don Timoteo Mesonero, en 1860 es cura de Pelabravo.

- Don Victoriano Fuentes empezó en 1861.

En 1864 la iglesia de Santa Marta ya es parroquia independiente de la Carbajosa, aunque eso no es igual a que el cura sea párroco, sino que puede seguir siendo un ecónomo. En los siguientes años se hacen obras de cierta consideración en la iglesia. Las cuentas de 1867 anotan 5400 reales entregados a Ramón González por las obras ejecutadas en esta iglesia. Murió en junio de 1868.

- Don Ceferino Ramos Fuentes inicia en 1868 y adelantó a la iglesia 254 reales. En el año 1875 hizo donación a la iglesia de 517 reales, que posiblemente es una deuda acumulada de varios años. Se entiende que estas obras también han sido significativas, algo más que los anuales reparos.

- Don Pedro Quintero, en 1875.

- Don Isidoro Maldonado Olmos, en 1877, en cuyo tiempo se escribió 1428 reales recibidos de la habilitación diocesana y corresponden al culto de esta desde diciembre de 1875 hasta marzo de 1877. Algo muy semejante se volvió a escribir poco después, señalando que 490 reales proceden de rebajados de la habilitación a favor de la reparación del templo.

- Don Martín es ecónomo un fraile trinitario, siendo por poco tiempo.

- Don Blas Sánchez, en septiembre de 1878, vuelve a estar al frente de la parroquia Isidoro Maldonado.

- Don Tomás García es cura párroco en mayo de 1879 y acaba el libro con su firma en 1885.

- D. Julián Andrés, que fue ecónomo de Carbajosa, pero se ha encargado de la parroquia de Santa Marta. Compró un incensario naveta y cucharilla y 400 ramos de laurel.

- Don José Rodríguez Sendín. Natural de Encinasola de los Minayas (agregado al municipio de Tabera de Abajo). Fue hijo de Francisco Rodríguez y de Ignacia Sendín. Terminó su carrera sacerdotal con cierta fama de gran valía.

Enseguida dio en Ledesma el sermón de la Resurrección[170]. Poco tiempo después, en 1906, ejerció en Santa Marta, después estuvo un tiempo de ecónomo en Sequeros. En 1915 hizo testamento. Más tarde pasó a regentar la parroquia de Villares de la Reina.

- Don Hipólito Bartolomé, en 1916.
- Don Feliciano Segurado… en 1920, y en 1924, párroco.
- Don Aristeo del Rey, ecónomo en 1940, el 1 de septiembre de 1952 cesó en esta parroquia.
- Don Bienvenido Santos Martín, en 1953.
- Don Floriano Moreno, 1950 me hice cargo de esta parroquia, cesó el 8 de agosto de 1960.
- Don Bernardino Monleón Regalado, 1966.

15.4. EL EDIFICIO ANTIGUO

La iglesia parroquial de muchas aldeas ha sido durante muchos siglos el edifico señero del pueblo. Acogía a la comunidad y los regidores ocupaban un puesto principal en su interior. Al exterior por lo general sobresalía destacando más que todos los restantes edificios del pueblo. Por esas características la iglesia parroquial era muy estimada por los vecinos de cada lugar. Eso también ocurría en Santa Marta.

Pero la antigua iglesia de Santa Marta fue parcialmente derribada por una doble necesidad, porque estaba en muy mal estado y porque se iba quedando pequeña para un pueblo en crecimiento demográfico grande. En el atrio de la antigua iglesia se edificó una nueva, pero primeramente veamos una sencilla descripción de la antigua.

El templo antiguo se orientaba de este a oeste, seguramente era de estilo románico y dataría del asentamiento de los primeros repobladores del siglo XII. Sobre la puerta de la entrada meridional aún queda un arco con una arquivolta sencilla que recuerda al citado estilo. Las antiguas iglesias después de varios siglos necesitaban reparos y, en ocasiones, reformas. Es indudable que la iglesia de Santa Marta había sufrido obras y reformas a lo largo de los siglos. Se deduce que en el siglo XVI la iglesia tuvo obras de cierta importancia. De esa centuria parece que es el arco fajón o triunfal que separaba la nave de la capilla mayor. Un documento del AHPSA confirma que en 1592 se estaba realizando una obra: «Poder de Pérez Juan hará cierta obra en la iglesia de Santa Marta para que suelten a Antonio Hernández, portugués, cantero, vecino de Salamanca que está preso por incumplimiento del concierto por

---

[170] *El Lábaro*, 10 de abril de 1906.

no hacer cierta obra». Se entiende, pues, que un par de décadas el visitador de obispado señalase que el templo tenía un buen maderamiento, que sin duda sería el artesonado[171] que se habría hecho recientemente.

A partir de 1850 en la iglesia hay de nuevo obras, que ya han quedado referidas, pero sin especificar claramente en qué consistieron. Desde entonces hasta que se construyó la nueva, es la iglesia que se ha conocido. Y a partir de esas obras parece que la antigua iglesia se cubría a dos aguas y tenía ábside recto. Tenía una sacristía y una capilla, y un pórtico meridional cuya techumbre sostenían varias columnas. Además, la cilla estaba adosada a la propia iglesia.

Pero de la antigua iglesia no se ha perdido todo, porque se conservan algunas partes, que, solo con verlas, cualquiera se puede hacer una idea de cómo era. Se conserva la entrada meridional con una arquivolta románica, también parte del muro norte, en el que se ha abierto un gran ventanal apaisado que permite ver el río. En el interior del templo nuevo, que sustituyó al antiguo, se ve de la antigua iglesia lo siguiente: la parte occidental o de los pies, con su tribuna de madera; el arco de triunfo o arco fajón, del siglo xvi, con pequeños relieves en la rosca del arco, parte del antiguo artesonado que, restaurado, ha motivado que la capilla mayor actual se cubra con un sencillo artesonado restaurado.

Pinturas en arco toral de la antigua iglesia.

Arco de la puerta meridional de la iglesia antigua.

---

[171] *Libro de aldeas y lugares del obispado de Salamanca.*

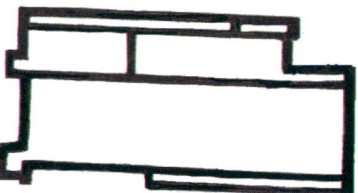

Pórtico de la iglesia actual en el que se ven aprovechadas las antiguas columnas. Arco fajón o de triunfo en el centro de la antigua iglesia, conservado en la cabecera del templo actual y completado en lo
que faltaba para así cubrir la capilla mayor actual. Planta de la iglesia.

A los pies del templo se elevaba una torre de cantería de espadaña. Una mención de la obra en la espadaña llevada a cabo por unos gallegos es de mediados del
siglo XIX, y parece que se levantó entonces. Pero la fachada occidental e incluso la
espadaña podían haber existido desde tiempo atrás, ya que queda sin precisar en qué
consistió esta obra[172], que en alto ofrece el típico balcón para el campanario. Del
antiguo pórtico columnado se conservan las columnas con su capitel zapata del siglo
XVI, que se han colocado en el pórtico de entrada nuevo.

---

[172]   El *Libro de Contabilidad de la parroquia de Santa Marta* dice que se han colocado una piedras para
evitar que jueguen a la pelota, se sobreentiende que la fachada servía de frontón, como en muchos pueblos.
Pero ese detalle deja entender que la fachada quedaba lisa y preparada.

Como va documentado, en más de una ocasión el Tormes, con sus crecidas llegando hasta los muros de la iglesia, la perjudicaba grandemente, en especial la pared que miraba al río. Por tanto, no es extraño que más de una vez tuviera que «recalzarse», como se dice en términos de Historia de Arte, y entendemos que consistía en fortalecer las partes bajas de sus paredes.

En 1852 se proyecta una obra de consideración:

> Dos pliegos de papel sellado para expedientes de la obra de la iglesia que se traspaleó en Madrid y hubo que formarlo de nuevo. A los que trabajaban la obra se gastó en vino, traer arena y una barra 14 reales. el 10 de octubre en un convite para los operarios y el 6 de septiembre que pusieron la veleta. Cristales y alambrada de la capilla mayor. Poner unas piedras hincada para que no jueguen a la pelota en la iglesia. Y en 1853 del cántaro de vino que se dio a los carreteros de la piedra del socalzo de la iglesia 18,5 reales[173].

Por eso también se debió proteger con una pequeña escalinata ante el acceso por su puerta lateral de entrada en el lado sur.

La conjunción de la vieja iglesia y la nueva está bien lograda, porque, al construir la nueva iglesia, en el atrio de la antigua, se procuró salvar algunas partes del viejo edificio, que, como se ha dicho, van incorporadas a la nueva fábrica, y no anulan ni la capacidad ni la calidad de la edificación, ni molesta el ensamblaje.

15.5. SANTA MARTA Y OTRAS FESTIVIDADES

Lógicamente, en la parroquia no podía faltar la imagen de santa Marta, que, como es bien sabido, fue la hermana de Lázaro y de María. Es una escultura de bulto redondo que muestra la imagen de la santa de pie, en la mano derecha pudo llevar el hisopo con el que se rociaba el agua bendita, y en la mano izquierda lleva un calderillo o acetre. Cubre su cabeza con un velo blanco que significa santidad. Su túnica llega hasta los pies y la blusa en la parte superior va atada con cíngulo; el manto cae sobre los dos hombros y tiene más color y dibujos en la parte delantera que en la posterior, de azul obscuro, lo que hace suponer que la imagen se concibió para ser puesta en

---

[173] *Libro de contabilidad parroquial de santa Marta.* Años 1852-1853 ADSA.

un retablo. Es una obra renacentista, estofada, pintada y recamada en algunas zonas. Sobre su cabeza se observa una corona dorada para mostrar su santidad. Santa Marta es considerada la patrona de los pintores, los escultores posaderos y sirvientes, pero para esta población es suficiente con que sea su protectora.

La festividad de santa Marta, titular de la parroquia de esta población, se celebra el 29 de julio, y es la fiesta principal del pueblo, con todos los elementos de una solemnidad especialísima, con oficio litúrgico de segunda clase. Asisten las autoridades locales a misa mayor y hay procesión por las calles de la población con la imagen de la santa patrona, que lo es desde el origen del pueblo[174]. No abundan las crónicas de la fiesta principal, como por lo general suele suceder respecto de ciertos pueblos, pero alguna que otra ha quedado, por ejemplo, la de 1930:

> Este año la fiesta a su excelsa patrona no se vio muy concurrida por ser el tiempo tan ocupado de la recolección de la mies. A pesar de ello, a la función religiosa dirigida por el digno párroco don Feliciano Segurado, acudió el pueblo entero en masa. Al atardecer, en la morada de culto maestro nacional don Ricardo Marcos, encontramos un grupo de simpáticas señoritas y chicos en unión de Juan Manuel Trufé, inteligente y joven secretario del pueblo. Todos salimos a pasear por la hermosa carretera, y las horas transcurrieron felizmente. A los doce de la noche, en la plaza. las bellas muchachas del lugar daban término al animado baile.

Algo más explícita es la crónica de la fiesta de 1933, de la que fueron mayordomos unos devotos anónimos. En las vísperas el disparo de cohetes y bombas anunció la fiesta.

> El día 29 nos despertó el dulzainero del barrio de la Prosperidad, Jesús, y sus compañeros recorrieron las calles interpretando el pasodoble de los cosacos de Kazant. A las diez comenzó la misa oficiada por don Feliciano, ayudado por don Juan Méndez y don Cándido Verdejo. Luego fue la procesión. De 6 a 9 de la tarde hubo baile, y por la noche de nuevo se organizó el baile que duro hasta altas horas de la madrugada. Y fueron quemadas unas ruedas de fuegos artificiales en la casa de campo que en este pueblo tiene don Tomas Marcos Escribano.

15.6. Ermita del Humilladero

En el libro de la Cofradía del Santísimo Sacramento, erigida el 10 de septiembre de 1848, se anotó lo siguiente: *Asiento lo que han mandado los devotos de Santísimo Cristo del Humilladero en este día 12 de mayo de este año 1850, que fue en especie 88 celemines de trigo.*

---

[174] Tomo referencia desde que el pueblo dejó de ser anejo de Carbajosa en el siglo XIX. Siendo un anejo religioso, la fiesta religiosa podía quedar empequeñecida respecto de la asistencia de curas, predicador y música.

Y en el mismo apunte se añade:

> Congregados los cofrades a la puerta de la iglesia pata nombrar los cargos de la referida cofradía, determinaron trasladar y conmutar el oficio y misa que había de celebrarse el primer domingo de mayo, al domingo siguiente, después de la festividad de San Gregorio, conmutando el oficio en una misa cantada al Santísimo Cristo del Humilladero por ser una imagen a quien este pueblo profesa particular devoción.

No he hallado documentado en qué sitio concreto se ubicaba el Humilladero. Como me han sugerido que un crucifijo de la parroquia procede de la capilla del cementerio, pudiera ser que correspondiera a este, pero por prudencia no lo afirmo, por cuanto en 1891 se dice que «el Cristo del Humilladero se venera en la iglesia», y, si eso era así, sería porque el humilladero estuviera ruinoso. Lo que está claro es que la devoción a esta imagen siguió desde el siglo xix y posiblemente fue en aumento, pues medio siglo después la prensa no da noticia de las fiestas en honor del Cristo del Humilladero. «El 30 de mayo de 1905. Han sido costeadas por el diputado provincial don Tomás Marcos Brozas, grandes fiestas en honor del santo Cristo del Humilladero»[175].

15.7. SAN BLAS

El 3 de febrero se celebra la fiesta del santo obispo san Blas. Es la segunda fiesta principal de la población. Los periódicos de Salamanca, recogiendo algunas crónicas, hacen saber la importancia de que gozaba tal festividad. Dicen así: «Con motivo de celebrarse ayer en el inmediato pueblo de Santa Marta la fiesta de San Blas, y aprovechando lo apacible del tiempo, fueron numerosas las familias que allí se trasladaron, convirtiéndose en verdadera romería»[176]. Otra de las crónicas de esta fiesta es la del 3 de febrero de 1936, que he de resumir por extensa:

> En este pintoresco pueblo, situado en la ribera izquierda del Tormes, sus habitantes rebosan de alegría. Son tradicionales las fiestas tanto religiosas como profanas que los días 3 y 4 de febrero celebran anualmente en honor de san Blas. Al amanecer la típica dulzaina anunció el preludio de las fiestas. A las diez se celebró la misa por don Feliciano Segurado, asistido por don Claudio García, capellán de las Esclavas, y don José Huerta, de Pelabravo, y ocupó la cátedra el doctor don Juan Méndez. Por la tarde y noche se celebraron animados bailes amenizados por la dulzaina. También en agradable reunión, mediante la música propiciada por una gramola se bailó hasta bien entrada la madrugada[177].

---

[175] *El Lábaro.*
[176] *El Salamantino,* 4 de febrero de 1914.
[177] *El Adelanto,* febrero de 1936.

Imagen de San Blas, en la parroquia de Santa Marta. Fue obispo de Sebaste (Armenia). Se le pide la curación de los males de garganta.

15.8. Otras Fiestas: San José y San Isidro Labrador

Aunque se celebran otras fiestas religiosas, parece que las dos mencionadas arriba tuvieron tiempo atrás más significación que las restantes. La fiesta de san José probablemente surgió como una tardía devoción introducida en el siglo xix y mantenida durante la centuria pasada el siglo xx. «Ayer, festividad de san José, se celebró en el inmediato pueblo de Santa Marta, [donde hubo] fiesta solemne con motivo de ser el patrón de dicho pueblo. 20 de marzo de 1906». No se aclara el título de «patrón del pueblo». Da que pensar que sería alguna propuesta del párroco que se olvidaría con los años. También sobre la fiesta de san Isidro Labrador da información una nota de prensa. Dice así *Solemne misa el 15 de mayo de 1890.* Ayer hubo una solemne misa en Santa Marta, acudiendo muchas personas de esta ciudad. Por la tarde hubo una rifa de dulces, y se destinó el producto para la adquisición de un estandarte para la «cofradía de la Santísima Virgen María».

15.9. Cofradías, capellanías, vínculos y patronatos

En el pueblo había una cofradía de Ánimas, otra de la Virgen, que supongo sería la de la Virgen del Rosario, la cofradía del Santísimo Sacramento (arriba mencionada) y la de Isidro Labrador.

La cofradía del Santísimo Sacramento, a 11 de agosto de 1849, fue erigida el 10 de septiembre de 1849. Parece que los cargos se nombraban por un año. El 10 de octubre de 1849 se nombraron los siguientes: alcalde, Vicente Santos; secretario, Santiago Boyero; muñidores, Juan Merchán, Antonio Crisóstomo, y a nombre de don Jerónimo Gil José Rodríguez. La cofradía estaba abierta a hombres, mujeres y niños. La inasistencia a alguno de los actos contemplados en los correspondientes estatutos requería un donativo de 2 reales. Anualmente se tomaban las cuentas y tomaban posesión los cargos. Sin embargo, esta cofradía había ido decayendo en fervor y en cofrades. Por eso, el 25 de mayo de 1889 se reunieron varios vecinos de Santa Marta, deseosos de establecer nuevamente la cofradía dedicada al Santísimo Cristo, y queriendo promover la mayor veneración y culto a Dios, firmaron una veintena de peticionarios. Y fueron nombrados los cargos.

Esto anterior parece que entra en contradicción con lo que sigue escrito en el citado libro, pues precisa: «Lista de todos los cofrades que han ingresado en hermandad y cofradía del Santísimo Cristo del Humilladero, fundada por segunda vez en 19 de marzo de 1887, que entonces reunía 38 hombres y 36 mujeres». Entiendo que, efectivamente, así sería, y que dos años después, en 1889, trataron de darle mayor impulso. Igualmente, otros dos años después, en el citado libro, se vuelve a escribir «Renovada la cofradía de Santa Cruz, que tiene por patrono al Santo Cristo del Humilladero, cuya imagen se venera en esta iglesia de Santa Marta, se procedió al nombramiento de los cargos». Fueron elegidos presidente el señor cura párroco, vicepresidente el señor alcalde del pueblo, y se siguen los restantes cargos como secretario, depositario, repartidor de cera y dos enterradores. Es decir, que esta cofradía de Santa Marta es la que en infinidad de pueblos se denominaba «cofradía de la Vera Cruz», una de cuyas misiones era asistir todos los cofrades a los entierros que acaecieran en el pueblo, llevando una vela encendida. La cofradía de la era Cruz cuidaba en muchos pueblos de la ermita del humilladero, donde tenían un cristo, y solían tener misa el 3 de mayo y el 14 de septiembre, que son las fechas de la Invención de la Cruz y de su Exaltación respectivamente. Las cuentas de esta cofradía de la Cruz en Santa Marta llegan hasta 1921.

Aún a mediados del siglo XIX se hace mención del vínculo de Isabel Gómez, pero más adelante no se vuelve a decir nada, como tampoco se habla nada de capellanías ni de patronatos de legos, lo que viene a confirmar que los bienes de su fundación han sido enajenados y estas instituciones han desparecido.

15.10. Una visita al pueblo de jóvenes cristianos

El pasado domingo, día 24 de enero de 1954, un centenar de jóvenes obreros, que forman los equipos de Vanguardia Obrera Juvenil (V.O.J.) de la Congregación de Berchmans, de la Prosperidad, desafiando el desagradable tiempo, fueron a llevar un mensaje de amistad y fraternidad a sus hermanos obreros de Santa Marta, y con este motivo se celebraron diversos actos, entre los que destacó la imposición de insignias al primer grupo de militantes de la V.O.J.

> Celebró la misa el reverendo señor párroco de la localidad, entonando diversos cantos el Coro de la V.O.J. Dirigió unas palabras a los fieles el capellán de los equipos de la V.O.J. reverendo Padre Seijas, que explicó el llamado compromiso de la insignia. Mientras se entonaba el himno de la Juventud Obrera Cristina Internacional. Al salir de la iglesia se hizo un acto público al que asistieron las autoridades del pueblo, haciendo uso de la palabra el párroco y los jóvenes obreros Agustín Hernández, Eugenio Gómez y Dionisio García de Dios, y después hablo de nuevo el Padre Seijas[178].

Acabados estos actos, los jóvenes obreros regresaron a Salamanca. Como se ve, fue una especie de acto misional, pero reducido a una tarde.

---

[178] *El Adelanto*, 30 de enero de 1954.

XVI. LA ENSEÑANZA PRIMARIA
EN SANTA MARTA

16.1. Cambio en la titulación y formación maestros

Hasta el siglo xix los aspirantes a la profesión de maestro de un pueblo debían pasar un examen ante un tribunal eclesiástico que les exigía unos conocimientos mínimos esencialmente de lectura, una escritura con buena caligrafía, las cuatro reglas (sumar, restar, multiplicar y dividir) y la doctrina cristiana básica, o sea, el catecismo del padre Astete. En bastantes pueblos el sacristán era a la vez el maestro de enseñanza primaria.

En el siglo xix los liberales propugnaban escuelas y maestros dependientes del Estado. Por eso en las gestiones de la Diputación de Salamanca, durante sus primeras etapas, esta Institución Provincial realizó el nombramiento de algunos maestros. Y estuvo al tanto de la realización de exámenes para dotarlos de título concedido por autoridades civiles. Creada la Normal de Maestro, la enseñanza da un giro grande a mejor, por la exigencia en su formación, la concesión del título y la organización de visitas a las escuelas.

Luego las antiguas funciones burocráticas pasaron a depender de la Universidad de Salamanca, en cuyo distrito universitario, bajo la dependencia del rectorado, se asumieron todas las actividades de oposiciones, nombramientos, clasificación de las escuelas, etc. Las escuelas fueron clasificadas en graduadas, completas de niños o de niñas, e incompletas. Esta clasificación, unida a otras circunstancias como ubicación, alumnado, etc. llevaba inherente el sueldo, las subvenciones para material, la casa para maestros, el nombramiento de maestro en propiedad, o en interinidad, etc. Al mismo tiempo, el Estado, por medio de inspectores, procuraba visitar las escuelas e ir solucionando la falta de ellas y, sobre todo, la mejora de los locales. Pero todo ello llevaba un ritmo muy lento e insuficiente.

16.2. Maestros y maestras

De Santa Marta no es fácil sacar la línea completa de cada uno de los maestros que atendieron a los escolares del pueblo. Se documenta la presencia de unos pocos profesores, cuyos nombres y categoría han quedado reflejados en la prensa local, y fueron los siguientes:

Tabla 18. Maestros/as de la escuela de Santa Marta, categoría de ella y otros datos

Año	Maestro/a	Categoría (y otros datos)	Dotación anual
1851	Petra San Maximiano		
1854		Incompleta, vacante	700 reales
1855	Secretaria y escuela	Anuncio: Se hallan vacantes[179]	1.200 reales
1859		Incompleta de niños	800 reales
1861		Inspección de escuela	
1863		Era maestro el secretario	
1865	Don Cristóbal Andrés Herdz	Maestro. Se hacen votaciones de su capacidad	
1867	Don Mateo Sánchez,	Incompleta. Llega por concurso de traslado	
1869		Incompleta de ambos sexos	100 escudos
1870	Don Félix Andrés	Secretario interino	160 escudos
1878		Incompleta, vacante por traslado	1.000 reales
1881			
1883		Incompleta de ambos sexos	1.000 reales
1886	D.ª Adelaida Martín Cayetano		
1888		Se encuentra vacante	
1890	D.ª Arsenia Luisa Sánchez	Hermana de Jesús. S. S., senador. Murió enseguida	

---

[179] BOPSA. Se halla vacante la escuela de instrucción primaria elemental incompleta, con la secretaría del Ayuntamiento de Santa Marta, partido de esta capital, de 35 vecinos, con 1.200 reales de dotación por los dos cargos, pagados de los fondos municipales.

Año	Maestro/a	Categoría (y otros datos)	Dotación anual
1899	Dª. Vicenta García Hernández	Ambos sexos en propiedad	250 pesetas
1905-1921	D. Ricardo Marcos	También era secretario	
1924	Luis Boyero		
1939	Don Ignacio F. Vicente		
1953	Don Cristóbal Blázquez		

Fuente: Realización propia.

16.3. MAESTROS DISTINGUIDOS

Entre los señores maestros distinguidos se encuentra don Ricardo Marcos, al que se le tiene dedicada una calle. Véase uno de sus merecimientos:

> En el inmediato pueblo de Santa Marta, el domingo 7 de mayo de 1905 a las siete de la tarde se celebró un sencillo acto literario en honor de Cervantes. Fue organizado por el ilustrado profesor de aquella escuela don Ricardo Marcos. El señor Marcos resaltó la importancia del eximio escritor español. Unos cuantos niños y niñas de la escuela leyeron trozos escogidos de El Quijote, recitaron monólogos, declamaron poesías y se cantó el himno del maestro de Ezequiel Solana, muy bien interpretado por bellas y distinguidas señoritas. El acto resultó muy hermoso. Al mismo asistió la mayoría del vecindario local y personas de los pueblos cercanos[180].

Otro de los maestros distinguidos ha sido don Cristóbal Blázquez, al que también va dedicada una de las calles de la población. Como se ve en la tabla precedente, ejerció a mediados del siglo XX, y, por tanto, aún pueden vivir algunos de los que asistieron a su escuela.

16.4. AUMENTO DE ESCOLARES NUEVAS ESCUELAS

Este epígrafe ya queda en buena medida fuera de los objetivos de este libro por varias razones. Una de las razones es que no hay que esperar a los años setenta del siglo XX para ver que la enseñanza primaria había cambiado grandemente en pocas décadas. El crecimiento de la tasa de natalidad en España llenó las viejas aulas, y el crecimiento económico general contribuyó a que los escolares pudieran acudir a sus aulas con enciclopedia, cuadernos, lápices y bolígrafos, y otros materiales, Al

---

[180] Año 1905, lunes 8 de mayo. Centenario de Cervantes, *El Adelanto*.

tiempo que de la Normal salían promociones de maestros bien preparadas. Así pues, la renovación de las escuelas iba siendo un hecho. Por eso, en una entrevista en *El Adelanto*, el alcalde de Santa Marta expresaba que tenía el reto de construir un nuevo grupo escolar.

XVII. ASUNTOS MUNCIPALES. ESPARCIMIENTO VECINAL. SUCESOS VARIOS DE TODAS LAS CLASES

17.1. FUNCIONES Y COMPETENCIAS DE LA ALCALDÍA

Las funciones de un consistorio son muchas y de asuntos muy variados: orden público, beneficencia, tributos, iluminación, higiene y comunicaciones, etc. En este epígrafe no se puede recoger cuanto hicieron los sucesivos consistorios, y tampoco se trata de dar una lista de alcaldes y secretarios. Solamente se pretende citar alguna cosa para ver el tipo de actuación.

Echar un bando era un forma de transmitir a los vecinos del pueblo una orden, una llamada o un comunicado. Por ejemplo: Alcaldía Constitucional de Santa Marta: Rectificación del amillaramiento: Todos los que sean propietarios en este término presentarán relaciones de bienes que posean en 15 días para la rectificación del amillaramiento Alcalde, Miguel Galindo. Secretario Francisco Marcelino Vicente[181].

Otros bandos atendían al arriendo del espigadero; a las inundaciones del Tormes; al pago por los vecinos de los arbitrios municipales (por ejemplo 1891, pago por arbitrios de consumos), pagos por el tránsito de carruajes, pasto del ganado; limpieza de caminos y veredas.

El consistorio tenía que intervenir atendiendo a la beneficencia municipal si había alguna familia pobre que no podía pagar el médico; si había epidemia, debía tener cierto control de que las gentes cumplieran las medidas recomendadas, etc. También era gestión municipal dar donativos que con suma frecuencia se pedían para suscripciones de una ciudad o pueblo que había sufrido inundaciones, fuegos o accidentes, soldados heridos; o para un personaje o monumento, para la tómbola de Navidad que se realizaba en la ciudad de Salamanca (algunos años 25 pesetas a mediados del siglo xx). Tenía también el ayuntamiento que intentar solventar el paro obrero, para lo cual había que buscar modo de dar algún jornal. Y acudir a

---

[181]   Tomado del periódico *Adelante*, último cuarto del siglo xix.

reuniones respecto de planes de regadío o de reforma agraria (ambos en los años treinta del siglo xx). Otro tema fue el del empadronamiento, y derivado de este la cuestión de elecciones, cuando las había. Por ejemplo, en referéndum para aprobar la Ley Orgánica del Estado en 1966, en el que en Santa Marta votaron a favor de este una amplísima mayoría de personas.

El Ayuntamiento tenía que gestionar ingresos y gastos guiándose por un presupuesto anual presentado al gobernador, que lo revisaba y, si procedía, lo aprobaba. Por ejemplo, en *El Adelanto* del 24 de marzo de 1904 se dijo: «Según comunicación recibida en este Gobierno Civil al alcalde de Santa Marta, el presupuesto para el presente año asciende a 1912 pesetas con 50 céntimos». Y ya por los años setenta de la pasada centuria el presupuesto municipal de algunos años daba como resultado «superávit», cosa muy rara en los pueblos.

Algunos alcaldes que salen mencionados nominalmente por alguna cuestión son los señores José Sánchez (1876), Miguel Galindo, Ramón Rodríguez.

17.2. El sello municipal. El escudo de la población

Hay en Madrid una oficina ministerial que se llama Registro del Sello, que lógicamente fue recabando información de los municipios a fin de poder dar validez al sello oficial que se estampa en los documentos. Uno de los informes emitidos por el Ayuntamiento de Salamanca dice:

> El presente sello que aparece estampado es el mismo que viene siguiendo desde el año 1870 o 1871, puesto que por no haber datos ni antecedentes que lo comprueben se desconoce a ciencia cierta cuál fuese el día, mes y año en que empezó a hacerse uso de él; y fue construido según antecedentes particulares que ha adquirido esta alcaldía, por haberse perdido otro de forma ojival que sin duda, por estar en mal uso con partes sueltas y sin mango dio lugar al extravío. Por eso no se tiene la más remota idea de cuándo aquel sello fuera construido. Salamanca, noviembre de 1876. Alcalde José Sánchez.

En la actualidad está legislado por la autonomía de Castilla y León cómo tienen que ser los sellos municipales, con lo cual aquellos informes ya pasaron al olvido y solo quedan para la historia local.

Por lo que toca al escudo de los municipios, de no tenerlo histórico, si se hace nuevo tiene que ser aprobado por la Junta de Casitilla y León. Para lo cual los ayuntamientos acuden a un estudioso que tenga el título suficiente en heráldica y, tras presentar el diseño y el informe, se aprueba. Este ha sido el caso de Santa Marta, que así lo hizo y sí lo tiene reconocido y así está publicado.

17.3. El pósito

Ya quedó expuesta su fundación en el capítulo que recoge la información del Catastro de Ensenada. Desde mediados del siglo XVIII en adelante hasta el siglo XX, se habla poco del pósito, que siguió en funcionamiento, y cumplía el objetivo de prestar trigo y otros cereales a los labradores. En los años treinta del siglo XIX por el gobierno provincial se ordena a los pósitos entregar ciertas cantidades monetarias. Y así al pósito de Santa Marta le tocó entregar en 1836 la cantidad de 303 reales. No fue la única vez.

En el primer cuarto del siglo XX se vuelve a hablar del pósito. Se debe a la influencia de don Tomás Marcos Escribano, que consiguió una refundación y convirtió el pósito de Santa Marta en una entidad que prestaba dinero a muy bajo interés, lo que, de hecho, se calificó de constitución de un nuevo pósito, que el 27 de junio de 1927, con asistencia del Director General de Acción Social Agraria, fundó el Pósito de Santa Marta con un capital de 2000 pesetas[182]. El citado señor dio generosamente alguna cantidad de su propio pecunio al pósito de esta localidad. También el pósito se benefició indirectamente de las mejoras introducidas para el funcionamiento de otros pósitos, como el de Brozas.

17.4. Un viaje a Zamora

Con la finalidad de buscar formas de mejoramiento municipal para ver quÉ procedía hacer en el municipio de Santa Marta, dado que en otros lugares se veía que con el regadío y nueva maquinaria la economía iba cambiando, en 1957 el alcalde, secretario y otras personas de Santa Marta organizaron un viaje excursión a Zamora para ver los recientes regadíos y la Universidad Laboral. Se da cuenta del siguiente modo:

> Procedentes de la simpática Santa Marta de Tormes, ayer llegaron a nuestra ciudad a las nueve de la mañana, el alcalde, Ayuntamiento y varios vecinos de dicha localidad hasta completar el número de cuarenta. Vinieron con el exclusivo fin de visitar los saltos del Esla y de Villalcampo que vieron por la mañana, y la magnitud de la obra de la Universidad Laboral que visitaron por la tarde. También estuvieron en la redacción de nuestro periódico el señor alcalde de Santa Marta, varios de los excursionistas y don Enrique de Sena que también venía en el grupo[183].

---

[182] En el último número de la revista Acción Social de la Dirección General, que publica el Ministerio de Trabajo, se hace referencia a D. Tomás Marcos Escribano. Y el martes 7 de agosto de 1928 se recoge esta noticia en El Adelanto con el título «Honrando a un salmantino».

[183] Queda recogida la crónica, incluida la foto en el *Diario de Zamora*, el 6 de julio de 1957.

Fotografía de los excursionistas que fueron a Zamora, tomada del periódico *El Diario de Zamora*.

17.5. FESTEJOS PROFANOS Y ESPARCIMIENTOS EN SANTA MARTA

Además de las fiestas religiosas, lógicamente también había otros acontecimientos de expansión vecinal en Santa Marta. Algunos de los cuales fueron organizados por las autoridades locales, y otros realizados por los propios vecinos, así como también algún evento que no fueron protagonizados por los naturales, sino que estos se convertían en meros espectadores. Entre los ejemplos, sin agotar todos los eventos habidos ni mucho menos, valen para ser referidos los siguientes:

— *Novillada el 26 de agosto de 1887.* Se anunció de este modo:

> El domingo próximo, a las tres de la tarde, se verificará en Santa Marta una corrida de 6 novillos, procedentes de la ganadería de don Juan Matías Cobaleda. Los bichos serán lidiados por los aficionados que se crean con sangre torera y se atrevan a bajar al redondel a entendérselas con los cornúpetos. La entrada a la plaza será gratuita y la función terminará con un baile al son del tamboril[184].

Es oportuno formularnos una pregunta: ¿Qué interés movió a don Juan Cobaleda para llevar esta corrida a Santa Marta? Probablemente que ya era dueño de una o de varias fincas grandes.

— *Baile en casa de Candela Santos:* Varias distinguidas señoritas se trasladaron en coche al inmediato pueblo de Santa Marta con objeto de asistir al baile que en su casa celebra la señorita Candelas Santos con motivo de su fiesta onomástica[185].

— *Competiciones deportivas de partidos de futbol:* El día doce de abril de 1944, en *El Adelanto* se escribió esta noticia:

---

[184] *El Fomento*, 26 de agosto de 1887.
[185] *El Adelanto*, 1 de febrero de 1910. La fiesta de las Candelas o Candelaria.

Una derrota del [equipo de futbol de] Carbajosa por los muchachos de Santa Marta. Como las veces anteriores los dos goles a cero fueron marcados todos por Domínguez, delantero centro del Santa Marta. Los equipos se alinearon así: medio centro: Juanito; portero: Jesús, etc.

De lo que se deduce que estos equipos ya estaban hechos y venían jugando su liguilla o competición de carácter local.

- *Carreras ciclistas*: el 18 de agosto de 1952, la VII Vuelta Ciclista a Salamanca pasó por Santa Marta en la primera etapa. Lógicamente acudieron a verla gran cantidad de personas.

- *Descenso en piraguas por el Tormes*. El 18 de junio de 1955; en dos etapas Alba de Tormes- Encinas; Encinas Puente Nuevo, naturalmente pasando por Santa Marta.

Fotografía de niños pescando en el Tormes, uno de los pasatiempos probablemente organizado por alguna entidad, pues no es posible que todos ellos tuvieran caña y acudieran al mismo lugar a la vez. La foto procede de la Filmoteca de Castilla y León.

17.6. Sucesos llamativos de varias clases

Han quedado sin exponer atrás varios asuntos, sucesos y ocurrencias, por cuanto su introducción modificaba la narración cronológica y se tenía que acudir a la introducción ocasional como cuñas inoportunas. Y además, como hay hechos que se repiten a lo largo de las décadas de forma semejante, habría que ir dándole entrada, de cuando en cuando, cada vez que el hecho en cuestión iba sucediendo, sean por ejemplo las riadas del río Tormes. Así pues, una vez documentado un asunto y luego hecha recapitulación de los que se corresponden por semejanza, los nefastos; los gratos, los educativos, los religiosos y los administrativos, van puestos cada uno de ellos en epígrafe independiente, pero formando conjuntamente algo así como si fuera un retablo o galería que, además de haberse adelantado algo en ciertas menciones, ahora se presentan en este capítulo especial.

17.7. Las riadas del Tormes

Como no cabe duda ninguna de que Santa Marta ha sido y es un pueblo de la Ribera del Tormes, es preciso conocer los beneficios y los daños que le ha producido el río. Dejemos sin especificar los muchos y constantes beneficios: agua para beber, lavar la ropa, riego agrícola, molienda, pesca y algún transporte. Y además otros beneficios indirectos como humedad para la arboleda, gratos paseos por sus riberas y belleza del paisaje. Pero el Tormes también producía, de cuando en cuando, grandes destrozos con sus frecuentes avenidas, daños que el río traía consigo daños. Las riadas principales fueron las siguientes:

- *La más antigua la de 1256*. En fecha tan remota como 1256, el Tormes tuvo una avenida tan grande que destruyó gran parte de Salamanca. Entre otros edificios destruidos total o parcialmente se contaron el convento de Monjas de Santa María de León (en la Serna). El agua también arrancó la aceña y pesquera de Arco, arrasó el convento de los padres dominicos y dejó resentido el puente mayor[186].

También se abrió el cauce llamado «Cordón de Santa Marta», según se ve en la siguiente noticia:

- *La riada de San Policarpo en 1626*: Ya se ha referido esta histórica y enorme riada al hablar del siglo XVII. Se puede añadir que algunos autores aventuraron que pudo desaparecer en esta riada la antigua villa de Rivas, que existió en la Baja Edad Media a orillas del Tormes por las cercanías del despoblado de Centerrubio.
- *Riadas de 1702 y de 1710 y de 1803* de las que se conocen pocas cosas.
- *Riada 6 de diciembre de 1876.* Que se describió así: «La crecida del Tormes ha sido grande. Ha inundado parte de la carretera de Salamanca. A las ocho

---

[186] *La Provincia*, 1867, 3 de noviembre. «Efemérides». También la refieren Bernardo Dorado y José María Cuadrado.

y media de la mañana ha habido un gran desprendimiento en las Peñas de Santa Marta, pero no ha habido desgracias personales»[187].

— *Riada de 1909 y la de 28 de marzo de 1915.*

— *Riada de 17 de febrero de 1919*: «El alcalde de Salamanca dio aviso al asilo de la Vega, granja de la Serna, caseríos de la Aldehuela, Tejares, Santa Marta, y fábrica de curtidos para que adoptaran las precauciones en evitación y desgracias[188]».

— *Riada de 24-XII-1927*. En el periódico *El Adelanto* se expone así:

> El domingo en Salamanca se desbordó el Tormes inundando numerosas viviendas. El alcalde se trasladó a la Aldehuela y ordenó el desalojo de las casas, porque el río crecía enormemente. En el pueblo de Santa Marta el agua llega a las puertas de las casas. Esta tarde fue a Santa Marta el gobernador civil acompañado del ingeniero de Obras Públicas, pues se anunciaba una nueva crecida.

— *Riada de 1935*
La construcción del embalse de Santa Teresa en los años cuarenta del siglo XX terminó con la riadas.

17.8. LAS GRANDES TORMENTAS

— *Tormenta del 22 de agosto de 1906.* Se exponen los efectos del siguiente modo: En el camino de Santa Marta hay varios campos anegados por el agua. En el mismo camino una chispa eléctrica arrancó un poste telegráfico e hizo pedazos otros dos. En Carbajosa el agua arrastró la mies que había en las eras, trillos y aperos de labor, gallinas, etc. En la ciudad no hubo más ocurrencias que los sustos que se llevaron dos porteros del Gobierno Civil.

— *Tormenta del 6 de julio de 1918.* También en esta ocasión la noticia se centra en los efectos: El día 29 del pasado mes de junio cayó un tormenta tan perjudicial sobre la Armuña y pueblos cercanos a ella, como Santa Marta, que sus territorios pasaron a ser en unos momentos, en el espacio de unas horas campos yermos, y quedaron arrasados sus sembrados.

— *Tormenta del 12 de julio de 1949.* Fue una más semejante a las anteriores.

---

[187] *La Correspondencia.*
[188] La crecida del Tormes: A las siete de la tarde de ayer el alcalde de Alba de Tormes telefoneó al alcalde interino de Salamanca, para hacerle saber que el Tormes traía una importante crecida y que suponía que detrás iba otra todavía mayor. Inmediatamente el señor Vázquez de Parga comunicó etc. *El Adelanto.*

Fotografía de niños pescando con caña en el Tormes. Foto procedente de la Filmoteca de Castilla y León.

17.9. Ahogados en el Tormes

El río Tormes, tantas veces cantado por los poetas, también ha sido un río de tragedias, pues se ha venido cobrando tributo especial al sepultar en su seno una cantidad significativa de personas ahogadas. Unas veces por la fuerza de la corriente, otras por hoyos en su lecho por haberse sacado arena, las más de las ocasiones por inexperiencia de los bañistas. Entre tantos sujetos ahogados se conocen especialmente los de fines del siglo xix y los del siglo xx. He aquí un alto número de los ahogados, señalando las fechas de esta desgracia:

– *21 de junio de 1932*. Un niño ahogado en el Tormes, en el sitio llamado el Soto de la Aldehuela.

– *27 de agosto de 1940*. Un soldado del Regimiento de Infantería, se ahogó en el Soto de Santa Marta de Tormes.

– *6 de julio de 1947*. Niña ahogada en el Tormes: Ayer a las siete y media de la tarde pereció ahogada en el río, en el lugar denominado el Pradillo, la niña de siete años de edad, I. S. M. domiciliada en La Serna n.º 15. Según parece, estaba jugando ella sola a la orilla del río y tuvo la desgracia de caerse, donde pereció, a pesar de ser de la poca profundidad del lecho fluvial.

– *6 de julio de 1947*. A las cuatro y media de la tarde, murió ahogado en el Tormes, en las cercanías de Santa Marta, un soldado de ingenieros.

– *19 de junio de 1951*. Joven ahogado en Santa Marta: M. M. G., estudiante. El hecho ocurrió sobre las cuatro de la tarde en el Soto. Él se arrojó al agua con el propósito de subir a un compañero, pero al instante se murió. Se cree que pudo ser de una congestión. Es el primer ahogado de la temporada.

- *19 de junio de 1954.* Un joven murió ahogándose en el Tormes, en el término de Santa Marta

17.10. Accidentes, muertes, delitos y faltas

¿Quién no piensa *a priori*, antes de que le digan nada sobre este asunto, que en un pueblo pequeño apenas pasan accidentes y muertes? Pues los que así piensen, se confunden, porque en Santa Marta hubo diversas desgracias, como sucede en todas partes. Ciertamente algunos de los sucesos no fueron provocados por los naturales, sino que los vecinos los vieron, los sintieron o conocieron de cerca o de oídas. Igualmente también algunos hijos de este pueblo fueron protagonistas de hechos lamentables que no tuvieron lugar en Santa Marta, pero que hay que recogerlos por la correspondencia que le toca al pueblo. Los hechos principales fueron:

- *4 de febrero de 1897: Un accidente.* En las inmediaciones del pueblo de Santa Marta fue arrollado un sujeto por el carro que guiaba un carretero, y lo dejó en tan grave estado que es posible que haya fallecido a esta fecha. El herido, después del suceso, fue conducido en un coche de alquiler al Hospital de Salamanca[189].

- *30 de octubre de 1900: Muerte por acción violenta.* En el pueblo de Santa Marta ha sido gravemente herido el tabernero de la localidad por un convecino suyo. Y luego se añadía: El herido ha fallecido[190].

- *6 de octubre de 1900: Heridos en una pelea.* A las ocho menos cuarto de anoche se promovió un fenomenal escándalo en la calle Juan del Rey de Salamanca, frente a la taberna que existe en esa calle. Intervinieron en la cuestión I. M., de Santa Marta, que resultó herido en la cabeza por un garrotazo, y con las costillas molidas a palos; y otros tres o cuatro apaleadores[191]. Un anuncio publicado en el BOPSA sirve para dar una información de la existencia de la mencionada taberna unos años antes de este suceso[192].

- *3 de diciembre de 1902: Muerte por accidente.* El hecho ocurrió en la aceña existente a la margen izquierda del río Tormes, en Salamanca, cerca del

---

[189]   *El Adelanto*, 4 de febrero de 1897.
[190]   *El Lábaro*, 30 de octubre de 1900.
[191]   *El Lábaro*, 6 de octubre de 1902.
[192]   Dice así: «En el establecimiento Los Andaluces, situado en la calle Juan del Rey, contiguo al Corrillo se venden vinos generosos extranjeros y del reino. El de Valdepeñas, para comidas, seco a 12 cuartos el cuartillo y a 3,5 reales la botella». *BOPSA.*

matadero. Murió en el día de ayer M. S. G., de 24 años de edad, natural de Santa Marta, casado que deja una niña de pocos meses, hijo de la dueña de la aceña, T. G. Parece ser que, al ver que una rueda no funcionaba correctamente, se introdujo en el río para ponerle unas cuñas y reparar la avería. Por lo que fuera, la rueda (se soltó) y destrozó totalmente al joven molinero[193].

— *13 de noviembre de 1904: Muerte por acción violenta.* El hecho ocurrió en el puente de hierro existente sobre el Tormes en el sitio del Pradillo. F. R. G., como guarda del puente nombrado por la compañía de ferrocarril, tenía el encargo de no dejar pasar a ninguna persona por el mencionado puente. I. M. Herrador de Santa Marta, que ya había pasado otras veces por el referido puente, intentó hacerlo en esta fecha. El guarda disparó una carabina, carga con bala de grueso calibre, estando de espaldas el sujeto que iba a pasar, que resultó con la arteria y la vena femoral heridas. De resultas de este tiro murió el vecino de Santa Marta. A fines de enero de 1906 se vio esta causa en Salamanca en un juicio por jurado[194].

— *18 de junio de 1904. Robo de gallinas.* En esta fecha fue conducido a la cárcel de Chinchilla, para cumplir la pena que le fue impuesta por la Audiencia Provincial de Salamanca, Juan Francisco Paredero, autor del robo de gallinas en Santa Marta.

— *Otro robo.* En el ventorro *Brisas del Tormes,* se ha producido un robo 4 de marzo de 1910.

— *10 de agosto de 1915: Muerte repentina, por un golpe de calor.* T. B., de 28 años de edad, segador, en el término de Santa Marta, a consecuencia del enorme calor que ayer hizo, cogió una insolación, que seguramente fue lo que le causó la muerte poco después de dejar el trabajo.

— *17 de enero de 1921: Herido grave por atropello con un automóvil.* Un hombre fue víctima del atropello causado por el conductor de un automóvil en la parre de la carretera comprendida entre Santa Marta y Pelabravo, entre el km 203 y el 204. V. G. auxiliar de peón de caminero y tamborilero, hacia las doce del día regresaba con su carro a Santa Marta, y estando todavía en el trozo de carretera de Pelabravo, debió de bajar un momento con objeto de retirar unas pequeñas piedras que había en la carretera. En este preciso momento pasó un automóvil y le dio tan fuerte golpe que lo lanzó a un pequeño terraplén que hay a mano derecha. El automóvil no se detuvo, lo que demuestra la

---

[193]   *El Noticiero*, 3 de diciembre de 1902.

[194]   *El Adelanto*, 26 y 27 de enero de 1906 El letrado don Tomás Marcos Brozas fue el encargado de la defensa, que calificó la muerte de asesinato, por existir alevosía. El defensor de Francisco Romero, el letrado Sr. Giménez habló de la existencia de eximentes. La sentencia no la publicaron los periódicos locales.

inhumanidad grande de los ocupantes. El atropellado tenía heridas en la cara y cabeza y una pierna rota. Debió de morir instantáneamente[195].

— *6 de febrero de 1923: Choque de dos automóviles.* A las cuatro de la tarde del pasado domingo, chocaron dos automóviles, cada uno de ellos de un vecino de Salamanca, pero uno está destinado al servicio de viajeros en la línea Salamanca-Macotera. El choque fue en el término municipal de Santa Marta, en las inmediaciones del puente llamado de los Requesones (La Serna). Ambos coches iban en dirección contraria, y, al tiempo de cruzarse, se interpuso un carro, un vehículo alcanzó al otro que cayó a un terraplén de una altura de unos dos metros. Afortunadamente llegó don J. M. P. y trajo en su coche hasta Salamanca a los cinco heridos.

— *15 de junio de 1927. Choque de dos automóviles en la Serna.* Uno era un Ford y el otro un Renault. El siniestro fue a la salida de la carretera de Alba de Tormes, al ir a tomar la carretera para entrar en la de Madrid. Resultaron heridas dos personas.

— *6 de julio de 1940: Un hombre arrollado por una furgoneta.* Se llama T. H. M. y tenía de 62 años, fue arrollado por una camioneta que venía a gran velocidad.

---

[195]   Posteriormente se dijo que posiblemente el automóvil pertenecía al Club de Regatas y Automóviles de Santander.

XVIII. SANTA MARTA DE 1950 A 1970

18.1. Época de transformación urbana, económica y demográfica, y en crecimiento continuo

Este capítulo atiende resumidamente a la trayectoria que siguió Santa Marta en el tiempo, de fechas aproximadas, que va de 1950 a 1970, en que pongo fin a este trabajo[196]. En los años cincuenta en España terminaban el racionamiento de alimentos y otras estrecheces económicas, y comenzaba a darse una fuerte emigración de los pueblos a las ciudades, pues en los pueblos sobraban brazos y no había trabajo. España aún era un país que, aunque iba entrando en vías de desarrollo, en la sociedad había mucha necesidades. Era muy difícil adquirir un automóvil y la carencia de capitales dificultaba las inversiones. Pero paulatinamente se iba fortaleciendo la clase media, que necesitaba vivienda y trabajo. Por ello, había deseos de comprar fincas urbanas y rústicas, y algunos empresarios se iban arriesgando en diferentes negocios. Esto se manifiesta perfectamente en Santa Marta.

El municipio fue preparando terrenos ofertados como solares y los compradores fueron llegando sin interrupción. Pero los cambios en la titularidad de un predio urbano o rústico van a ir favoreciendo cambios en la vecindad y en las viviendas. También se van a ir generando cambios de relación con la población del lugar. Los compradores de fincas realizarán nuevas visitas a los dominios adquiridos, que, con frecuencia, si las propiedades son urbanas o pretenden serlo, se repararan, se reforman o se hacen construcciones sustituyendo a las antiguas, o se levantan de nuevo edificios en donde no existían, con lo cual el paisaje rural y el hábitat urbano se va modificando. Esa transformación de Santa Marta se fue incrementando y acelerando conforme pasaban los años.

He aquí uno de los anuncios tempranos que salió el 10 de agosto de 1952: «Vendo 10.000 m² junto a Santa Marta. Información en calle de Abajo n.º 20

---

[196] Tenemos como fuentes varias crónicas en la prensa local, el Diccionario del Movimiento y algunos documentos municipales. Lo interesante de estas informaciones es que no se realizaron pensando en hacer historia.

(Salamanca)». Le siguieron otros semejantes, lo que significa que no todo el espacio disponible saliera a oferta de rondón. Debió de haber alguna especulación y detenimiento en la oferta al ver que el precio de venta iba al alza.

Característica de Santa Marta en la época señalada es la implantación progresiva de nuevos edificios de carácter religioso o empresarial en el término del pueblo, cuestión que fue llevando un ritmo de continuo crecimiento. De esas empresas, citaré algunas solamente a modo de ejemplo, pues exponer todo ese proceso no es objetivo de este libro. Señalaré como ejemplos de la transformación urbana los siguientes edificios: el colegio mayor de los Franciscanos, el edificio de los Paules, el hotel Regio, la fábrica Copisa y el complejo turístico de las Torres. Pero antes reseñaré una entrevista hecha al alcalde y escrita en *El Adelanto*.

18.2. Una entrevista, el 22 de abril de 1954, que anuncia nuevas construcciones

El Adelanto transcribe una entrevista que se hizo al alcalde y secretario de Santa Marta, en la que informa de algunos de los motivos del crecimiento de esta población, de algunas de sus necesidades ante las nuevas circunstancias que atañen al municipio, y habla de las nuevas obras que se van a realizar, como una nueva casa consistorial y nuevas escuelas. Y a la vez el periodista introduce algunas consideraciones de su propia experiencia. En resumen, se dijo lo que aquí presento reelaborado:

> Santa Marta en los dos últimos lustros ha doblado su población. Desde 1944 a 1954, cuando aún no había comenzado a tener importancia el éxodo rural, Santa Marta ha crecido exageradamente en población en comparación con lo que hasta entonces venía siendo. La población es joven, puesto que el número de niños ha aumentado.

Luego textualmente se añade

La ciudad [de Salamanca] tiene en este municipio un continuo campo de expansión para tres actividades: una la construcción de chalets y otros edificios; otra la de irse convirtiendo en antesala y anuncio de la ciudad; y la tercera la de servir para recreo y esparcimiento de los salmantinos, los que en fines de semana y en los festivos se van al campo, al río o sencillamente de paseo por la carretera de Madrid.

Por su parte, el pueblo de Santa Marta aporta trabajadores a la ciudad; dispone de suelo para construcción de edificios; y aporta espacio para solaz y recreo en sitio fresco, como la ribera del río y la isla de Soto.

La glosa de las ideas anteriores es que se destaca como novedoso el éxodo de la ciudad hacia el campo en días de fiesta; que los alrededores de Santa Marta son una zona de esparcimiento de Salamanca en el fin de semana; que va creciendo en población veraniega principalmente; y que en su término se van alzando coquetones chalets, casas de campo, hotelitos, fincas de recreo e incluso un restaurante, emulando a los municipios de Madrid.

Luego se pasa revista a nuevos proyectos para cubrir las necesidades que se presentan ante la nueva situación:

Pueblo tan cercano a la capital esta carente de un edificio holgado y decoroso, donde instalar las dependencias del Ayuntamiento y Escuela Municipal, así como las viviendas para el secretario y maestro Por eso, considerada esa necesidad del pueblo, han respondido las autoridades provinciales que este mismo año quedará resuelta. Las obras darán comienzo en fecha próxima y ya se han extendido los primeros libramientos para hacer frente a los gastos iniciales, a los que se aportará la prestación voluntaria de los vecinos.

También se advierte de que la iglesia parroquial ya resulta pequeña, y se deja entrever que también habría de renovarse. Y finalmente se atreve el cronista a avanzar el anuncio de que Santa Marta será en el futuro una población grande, rica y próspera. Pero luego el periodista da la vuelta a la precedente semblanza y se vuelve a decir:

Los vecinos alternan las faenas agrícolas con las ganaderas, especialmente ganado de leche. Pero la mayoría de los trabajadores se desplazan a la ciudad de Salamanca en la que han encontrado una colocación. De madrugada se ven numerosos sujetos de Santa Marta, que, a pie, en bicicleta, y los más favorecidos en moto, se trasladan a la ciudad para incorporarse al trabajo cotidiano. No sería nada extraño que cualquier día se alzase una empresa de autobús urbano entre ambos núcleos, ya que viajeros no le faltarán.

El escrito de esta entrevista lo firma un tal Pedraz[197], pero no dice los nombres del alcalde ni del secretario. Todavía no se ha utilizado la definición de «ciudad dormitorio», pero es evidente que hacia eso caminaba Santa Marta.

18.3. Colegio Mayor de la inmaculada de los franciscanos

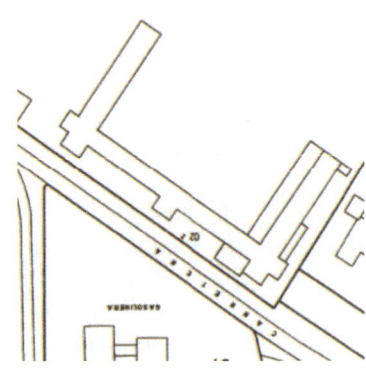

El 24 de septiembre de 1953 tuvo lugar la bendición e inauguración del nuevo Colegio Mayor de la Inmaculada, construido por la Orden de San Francisco (los Capuchinos). Esto significa que unos años antes se había comprado el terreno y comenzado a edificar. Se ubicaba en la confluencia de la carretera de Madrid y la de Alba de Tormes, en el término municipal de Santa Marta. Se levantó una amplia construcción que constaba de un pabellón central y dos laterales, formando entre sí una gran U que se convierte en patio interior. Fue su constructor el arquitecto don José María Gorostizaba. Al acto inaugural acudieron autoridades religiosas de la ciudad y de la orden franciscana, civiles y militares. Y también un buen número de personas de Santa Marta y sus autoridades, el alcalde don Ramón Rodríguez, el secretario don Ángel Fernández, el concejal don Gregorio Verdejo, el jefe de la Hermandad de Labradores don Rafael Rodríguez, el ecónomo don Bienvenido Santos, el médico don José Santiago Mirat y el maestro don Cristóbal Blázquez.

18.4. Establecimiento de los PP. Paules

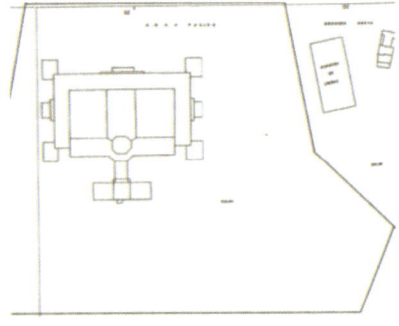

Los Padres Paules tenían una fundación que databa de 1939. En Salamanca se servían de la iglesia de San Marcos, pero estaban allí de forma provisional. Hacia 1954 proyectan establecerse en el término de Santa Marta. Han adquirido un espacio muy grande al lado de la carretera de Madrid, frente a la Serna. En 1956 ya están construyendo su enorme edificio en un estilo cercano a las construcciones

---

[197]   No hay lugar para transcribirlo entero, por lo cual se transcriben resumidamente algunas de las ideas entonces expuestas, que era 1954.

del barroco madrileño y fue inaugurado en 1957, cuando dio comienzo allí una nueva trayectoria.

18.5. EL JARDÍN REGIO, 17 DE ABRIL DE 1954

En los años cincuenta del siglo XX, el estado socioeconómico de España era el de una convivencia de cierta fiebre constructiva de viviendas con la industrialización y el crecimiento demográfico. En Salamanca capital, además de los cines, se fueron abriendo y modernizando cafeterías y restaurantes o ambas cosas a la vez[198], y también una cafetería con el nombre de El Regio. En diversos medios como prensa y radio se anunciaban salones, bailes y actuaciones de artistas destacados.

Por eso es de admirar que surgiera un emprendedor importante que apostó por invertir en Santa Marta en una empresa de restauración enfocada al turismo. El creador de esta empresa tuvo buena visión de futuro, porque eligió un sitio fuera de la ciudad, pero muy cercano a ella, y junto a una gran vía de comunicación entre ciudades, sitio bueno, espacioso y bien concebida la edificación como hotel con sus piezas complementarias. Por eso perdura hasta la actualidad, lógicamente también interviene como en toda empresa la gestión eficaz.

Como el ambiente religioso también estaba muy extendido en la sociedad, no era de extrañar que se bendijesen las obras, y que luego de acabadas inmediatamente se iniciase su servicio. Para la bendición se trasladó desde Salamanca el canónigo magistral, y lo asistió el párroco de Santa Marta, don Bienvenido Martín. También estuvieron presentes las autoridades salmantinas y las de Santa Marta. De esta población cabe señalar al alcalde, don Ramón Rodríguez, al maestro nacional don Cristóbal Blázquez, y al juez de paz don Manuel Fraile[199].

Hotel Jardín Regio, foto tomada de *El Adelanto*.

---

[198]   Como el Zaguán, el Candil y el Hamburgo, y nuevos establecimientos de distracción como el Oxford, el Altamira y la Posada, como también la sala de fiestas Atenas, y el Monterrey.

[199]   El Adelanto el 18 de abril ofrece la crónica de la inauguración del Jardín Regio, como entonces se llamó, que ha sido conocido como Hotel Regio.

El dueño del nuevo establecimiento, don Marcelino Martín Andrés, explicó los fines que perseguía: «Tenemos la seguridad de que el Jardín Regio ha de convertirse en el lugar elegante y distinguido al que acuda la mejor sociedad salamantina. En él se celebrarán las mejores fiestas sociales, recepciones, banquetes, bodas, recepciones, etc.».

18.6. La fábrica Copisa

El día 17 de diciembre de 1966 tuvo lugar en Santa Marta la inauguración y la bendición de un nuevo complejo industrial, una fábrica de piensos compuestos que la empresa Castellana de Piensos, S. A. levantó junto a la carretera de Madrid, en el término municipal de Santa Marta. Al acto asistieron numeroso público y las autoridades de Salamanca y de la citada población. Mientras se recorrían las amplias naves, se explicó el funcionamiento de las diversas secciones, y se expuso que se esperaba dar trabajo a numerosos operarios.

Estos establecimientos no fueron los únicos que montaron sus locales en Santa Marta, varios lo hicieron al tiempo de los que van reseñados y muchos más en los años siguientes.

Fotografía de la bendición de los locales de la fábrica Copisa.

XIX. PERSONAS DESTACADAS DE SANTA MARTA Y OTRAS RELACIONADAS CON ESTA POBLACIÓN

19.1. Compradores de fincas en el término municipal de Santa Marta

1. *Don Julián Martínez Céspedes*

Una primera referencia de este señor es de 1809. Fue calificado en *El Español* como activo e inteligente y de reconocidas cualidades. Se entiende también que don Julián Martínez Céspedes era licenciado en Derecho.

Él se casó con Rita Pamparacuatro, hija única de don Manuel Pamparacuatro, cirujano de Cabrerizos, de cuyo matrimonio nacieron cuatro hijos: Engracia, Sabas, Mauricio, y Segundo, cuyos matrimonios fueron así:

- Engracia Martínez Céspedes Pamparacuatro (n. 1817) se casó con Domingo Zaballa.
- Sabas Martínez de Céspedes Pamparacuatro se casó con Félix Zaballa. Ella murió sin hijos el 21 de diciembre de 1897, a los 80 años de edad[200]. Dejó herederas a sus sobrinas Francisca y Rita.
- Mauricio Martínez Céspedes se casó con Ignacia Gómez de Liaño.
- Segundo Martínez Céspedes fue el cuarto hijo de don Julián. Este último hijo ya no tiene una relación destacada como propietario de Santa Marta.

Don Julián Martínez Céspedes, con ocasión de la muerte de su suegro don Manuel Pamparacuatro, otorgó varias escrituras y de ellas se deduce que pertenecía al gremio del comercio de Salamanca. También fue depositario de los fondos del Ayuntamiento de Salamanca y Comisionado del Impuestos y Arbitrios del Estado.

---

[200]   Por consiguiente nació en 1817.

Y, además, en mayo de 1845 era el administrador del duque de la Roca[201]. Igualmente en 1845 era comisionado del Banco de San Fernando[202].

Con su hijo Mauricio formó una compañía comercial denominada «Céspedes e Hijo», la que, a juzgar por las cantidades de algunas letras pagadas o legalmente protestadas, manejaba grandes cantidades monetarias. Don Julián además de las tierras que compró en Santa Marta compró más propiedades en varios lugares, por ejemplo de Barquilla[203] y en Cantalpino. Con buenos ingresos pudo ir haciendo un capital hasta conseguir una posición económica muy desahogada. Por consiguiente, pudo comprar bastantes tierras, algunas de las cuales luego entregó a su hija Engracia Martínez Céspedes como dote propter nupcias cuando contrajo matrimonio con don Domingo Zaballa. Aquí nos interesa ver que precisamente esas tierras que él dio a su hija radicaban en el término de Santa Marta. Lo mismo hizo con su hija Sabas a la que también dio la considerable dote de 275.000 reales.

Finalmente, ya viudo y con una salud delicada, hizo su testamento[204] en Salamanca en 1849 y poco después murió.

2. *Don Agapito López del Hoyo*

Él mismo explica que era hijo de don Isidro López del Hoyo, vecino de Salamanca, y que, llegada la guerra de la Independencia, dejó sus estudios e ingresó en el ejército, pero no dijo nada de los acontecimientos que experimentara durante la guerra. Al término de esta, ya era capitán del regimiento Provincial de Salamanca, y, por tanto, estuvo al frente de una compañía durante el Trienio Liberal, en la década ominosa y en la Primera Guerra Carlista. En los años cuarenta del siglo XIX había ascendido a teniente coronel, cuando pasó a la jubilación.

Sus apellidos proporcionan ocasión para hablar de su familia, y de este modo entender un poco algo de su vida. Un hermano de don Agapito fue don Isidro López del Hoyo y Larrea, que tuvo el cargo de contador de propios y arbitrios de Salamanca. El inventario de sus bienes, se realizó en 1827, tras su muerte. En ese inventario se demuestra que era un señor acomodado. Otro hermano de don Agapito fue don Vicente López del Hoyo, que fue notario eclesiástico en Salamanca. Finalmente, hay que mencionar que estos hermanos también tenían lazos familiares con los Ortiz, como don Judas Tadeo Ortiz, y todos ellos estaban relacionados con el pueblo de Sobradillo. Así pues, su familia tenía una economía saneada y una posición social elevada.

---

[201]   El duque de la Roca poseía muchas heredades por la zona de Armenteros, Riolobos y otras zonas de la provincia de Salamanca. Esto sale en el P. N. 6772, año 1835. También en el P. N. 4066, año 1821, AHPSA. Administrador del duque de la Roca, según el *Diario de Avisos* de 1845.

[202]   En 1845, el 15 de mayo en *El Español*.

[203]   P. N. 7059, folios 46-60 año 1847, escribano Antonio Almeida. Ídem en Cantalpino, folio 90.

[204]   P. N. 7060, folio 147, y en folios 88 y 92 dotes de Engracia y de Sabas. AHPSA.

En junio de 1816 don Agapito contrajo matrimonio con doña María del Carmen Ayuso y Larragoiti, hija de don José Ayuso Navarro, fiscal de la Audiencia de Valencia. Como se puede suponer, la dote matrimonial entregada a su hija, recibida por don Agapito, fue importante. Desde ese momento, don Agapito es apoderado de su suegro, y en su nombre hace arrendamientos, cobra rentas y lleva otros asuntos.

Aunque el matrimonio de don Agapito y María del Carmen Ayuso tuvo una hija, esta murió antes de cumplir los tres años. Por consiguiente, estando el citado matrimonio sin sucesión directa, a la muerte de ambos cónyuges heredaron sus bienes los sobrinos (doña Luisa, don Esteban María y otros) y es también probable que posteriormente la fincas heredadas se fueran vendiendo al ir transcurriendo los años. He aquí, pues, un ejemplo de cómo se fue formando un patrimonio, y de cómo a la muerte de sus propietarios probablemente se iría dividiendo.

Don Agapito fue albacea testamentario de don Cosme Trespalacios, uno de los nobles del primer tercio del siglo XIX en Salamanca, que compró bastantes bienes en la desamortización de Carlos IV y Godoy y en la del Trienio Liberal. Así pues, don Agapito, que intervino en la división de bienes del aludido señor Trespalacios, había aprendido bien un camino para aumentar la riqueza. La desamortización de los bienes del clero lo cogió aún con edad suficiente como para dedicarse a comprar bienes nacionales, dado que tenía un buen cargo militar y su riqueza era considerable.

En el testamento que hicieron conjuntamente él y su esposa en 1847 explican que posee unos bienes de varios vínculos, y otros bienes propios que los ha heredado de sus padres y parientes o que los ha comprado a varios sujetos o a la nación. Eso explica que en 1823 le acaben de pagar el resto del valor de 263 cántaros de vino[205] que le sacaron (= los vendió) de la bodega que tiene en Santa Marta (además de los cántaros de abono que ya antes había entregado según la citada escritura de ese pago). El comentario es claro: una cosecha de tal cantidad de vino significa que poseía una gran cantidad de viñas, y viendo que el vino se encuentra en su bodega, es de suponer que también poseía casa en Santa Marta. Igualmente es de suponer que, aunque la explotación de las viñas y las tierras fuese por arrendamiento, el aludido don Agapito tuvo que estar al tanto de ver el estado de sus fincas, de las labores realizadas, de la recolección de frutos, etc.

Pero, además del viñedo, don Agapito poseía diversas tierras. Conocemos que compró en pública subasta diversidad de fincas en varios pueblos[206], el prado y las tierras llamadas de la Serna, término del lugar de Santa Marta, que perteneció a las

---

[205] P. N.
[206] En el P. N. 7082, folio 210, consta que el año 1851 don Agapito compró muchas fincas a un señor de Zarza la Mayor (Extremadura) y también en la provincia de Salamanca, Boletín Oficial de Ventas de Bienes Nacionales 19 de abril de 1856 compra un censo de 33 reales a favor del ilustrísimo cabildo de la

monjas benitas de León, vulgo las carbajales. Su precio fue elevado, nada menos que 400.300 reales[207].

La propiedad lo vinculó con el pueblo de Santa Marta, y los vecinos del pueblo conocían quién era por cuanto en los deslindes de propiedades citan claramente y sin equivocación algunas propiedades que limitan con las de este señor. Y como esta relación se mantuvo por espacio superior a 30 años, se agranda por su duración cronológica. Queda, pues, aclarado que en aquella mitad del siglo XIX don Agapito fue un hombre significativo para la población de Santa Marta.

Don Agapito murió en 1863, en 1858 había sido nombrado presidente de la Sociedad de Recreo de Salamanca (el Casino). Su viuda María del Carmen Larrogoiti hizo nuevamente testamento[208] y entre otras cláusulas dispuso: «Dejo herederos a mi cuñado don Carlos López del Hoyo, mi sobrina doña Josefa Ayuso, mi sobrina López del Hoyo y mi sobrina doña Mercedes Sirgado. Y si la herencia de doña Josefa Ayuso, la dehesa de Casasola de la Encomienda, no alcanzase para hacer la cuarta parte de la herencia, se le adjudique la propiedad que tengo en Santa Marta en todo o en parte hasta cubrir la cuarta parte.

3. Don Vicente Muñiz Calderón de la Barca

Mejor que hablar de un señor concreto procede hablar de la familia que lleva esos dos apellidos[209]. En el Catastro de Ensenada, 1752, se presenta a don Manuel Muñiz Calderón de la Barca, vecino de Benavente, como el mayor propietario de la alquería de Carpihuelo. Parece que uno de sus descendientes (su hijo o nieto) fue Fernando Muñíz, pues a comienzos del siglo XIX, en un poder dado para reclamar indemnización por los daños sufridos en Carpihuelo, lo hacen las herederas, viuda e hijas de don Fernando Muñiz[210]. En 1827 se documenta a don Vicente Muñiz, vecino de Fuentes de Ropel (Zamora), que otorgó un poder para la administración de sus bienes. Y en 1841 él mismo o un hijo suyo también llamado Vicente Muñiz Calderón de la Barca es quien figura como propietarios de las fincas que tienen alguna relación con Santa

---

catedral de Salamanca por 330 reales.P. N. 5932, Año,… folio 243. Testamento de su hermano don Isidro López del Hoyo. Contiene hasta 36 cláusulas. Le sigue su inventario.

[207] Boletín Oficial de la Provincia de Cáceres número 108, el 8 de septiembre de 1837. Y en otros varios documentos.

[208] P. N. 9694, folio 22, año 1866. AHPSA.

[209] El segundo es compuesto y lo mantienen quizás como justificante de la condición de nobleza.

[210] Año 1815: Poder de doña Nicolasa Osorio, viuda del señor don Fernando Muñiz, vecino y regidor perpetuo de esta ciudad dado a don Juan Gutiérrez, vecino que fue de Carbajosa.

Marta[211]. En dos documentos de la Contaduría de Hipotecas de Santa Marta se ve que pertenecen al señor Vicente Muñiz de una serie de heredades en el término del citado pueblo de Santa Marta. Así, en septiembre de 1846, don Vicente Muñiz, vecino de Fuentes del Ropel (Zamora), por medio de su apoderado en Salamanca Eustaquio Lobarinas, vende a don Francisco Moreno ocho porciones de nueve que en Santa Marta pertenecieron al cabildo por el precio de 83.500 reales.

4. *Don Domingo Zaballa*

No he visto especificada la causa de que este señor viniera a Salamanca. Él era natural del pueblo de Vallejo (Balamaseda), situado en el Valle de Mena (Burgos), hijo de Francisco Zaballa e Isidora Villasante. Tuvo domicilio en Salamanca en la calle Cuesta del Carmen. En 1849, ante el escribano Pedro Lucas Bellido, declaró: Que en diciembre de 1842 se casó con doña Engracia Martínez de Céspedes, hija legítima de don Julián Martínez Céspedes, que en dote y por cuenta de su legítima de su hija le dio la cantidad de 275.000 reales de vellón en predios rústicos y urbanos, de los cuales las tierras y prados en término de Santa Marta tienen un valor de 80.000 reales.

Seguidamente se especifican 107 tierras, nueve prados[212] radicantes entre otros sitios en Valdeherreros, Zorreras, Corral del Concejo, Fontanica y la Serna. Y los prados en los sitios de Pocito, Valdelagua, Eras de Arriba, Eras de Abajo, Eras de los Tomases, Juncal de las Viñas y Juncal de la Vega. En 1851, don Domingo arrienda propiedades que son 50 huebras incluyendo los prados, más 5 casas y 8 pajares, por 200 fanegas de trigo bueno, seco, limpio de malas semillas, puestas en las paneras de Salamanca. Queda, por tanto, comprobado como en efecto Domingo Zaballa se había convertido en uno de los propietarios de fincas rústicas en Santa Marta. Doña Engracia Martínez Céspedes, viuda de Domingo Zaballa, falleció en Salamanca[213].

---

[211] Otro documento tiene fecha de 4 de mayo de 1861, en él se dice: Don José Muñiz y Alariz, vecino de Madrid, como apoderado de su padre don Vicente Muñiz, vecino de Fuentes de Ropel, hace una obligación hipotecaria por 240.000 reales, que recibió don José para su padre, de los cuales se ha de reembolsar don Marcelino con el producto de la rentas de las fincas hipotecadas Y grava e hipoteca especial y señaladamente el coto redondo llamado de Carpihuelo, que se halla en término de Santa Marta y linda con el término de Carbajosa y el de Salamanca (y lo gravado comprende además otra fincas en la provincia de Salamanca y en la de Zamora). Don Vicente tuvo, al menos dos hijos, uno llamado José y otro llamado Julián. José es el que Interesa para su relación con Santa Marta.

[212] Protocolo notarial 7060, folio 92, 13 de abril de 1849. Pamparacuatro es el apellido que sale en la guerra de la Independencia y de alguna manera remite a propiedades en Cabrerizos.

[213] *El Fomento*, 5 de agosto de 1887.

6. Doña Francisca Simona Zaballa Martínez-Céspedes

Nació en Salamanca en 1850. Fue hija de don Domingo Zaballa y de doña Engracia Martínez Céspedes. Se casó con don Manuel Domínguez Ubago, natural de Granada, jefe de Administración. Este matrimonio tuvo dos hijos: Fernando y Juan Manuel (+ 1900). Algún tiempo el matrimonio vivió en Córdoba, puesto que su hijo Fernando nació en esa ciudad. Luego, por concurso de traslado o por otro motivo, su esposo vino a Salamanca y tuvieron domicilio en la Cuesta del Carmen n.º 2.

Doña Francisca murió el día 30 de abril de 1926. Su necrológica es sumamente elogiosa[214]. ¿Qué tiene que ver con Santa Marta? Dado que su abuelo materno fue don Julián Martínez Céspedes, tuvo muchas propiedades en el término del referido pueblo, también las tuvo su padre don Domingo Zaballa, y después fue propietario de ellas su hijo don Fernando.

19.2. Naturales de Santa Marta. Otros propietarios

7. Don Tomás Marzos Brozas

Nació en Santa Marta el 2 de agosto de 1857. Hijo de Feliciano Marcos, natural de Santa Marta, labrador, y de Balbina Brozas, natural de Aldeatejada. Sus abuelos paternos Francisco Marcos, natural de Santa Marta, labrador, y Rosa González, natural de Torresmenudas. Abuelos maternos, José Brozas, natural de Santa Marta, y Catalina Marcos, natural de Pelabravo.

Realizó los estudios de bachillerato en el Instituto Fray Luis de León de Salamanca y obtuvo el grado de bachiller en septiembre de 1877. Seguidamente realizó con gran brillantez la carrera de Derecho en la Universidad de Salamanca. Enrique Esperabé en *Salmantinos Ilustres* expone sus grandes cualidades, que comienza con el siguiente resumen «Abogado de fama, gran orador y político» Es decir, características esenciales: letrado, con facilidad de palabra y entregado a la política desde el partido liberal». Seguidamente Esperabé reitera y explica un poco estas ideas: «Abrió bufete en su casa y llegó a ser en breve plazo uno de los letrados más destacados de

---

[214]   *El Adelanto*, 30 de abril de 1926. «De gran talento y distinción, esposa y madre amantísima, ocupó en nuestra sociedad un lugar preeminente. Llevó a cabo múltiples obras de caridad y de consuelo al necesitado. Aportó también su concurso a diferentes otras sociales, y supo imprimir un sello de seriedad y de nobleza. En esta ilustre dama salmantina, en quien se combinaron ejemplares cualidades y edificantes virtudes que rodearon su nombre de respetos y afectos tan generosos como merecidos, gozaba de unánimes simpatías».

Salamanca. Afiliado al partido liberal, fue concejal del Ayuntamiento de Salamanca y más tarde fue presidente de la Diputación Provincial[215] del 5 desde mayo de 1911 al 14 de noviembre de 1913. Don Tomas Marcos Brozas murió en enero[216] de 1918.

8. Don Fernando Domínguez Zaballa

Ya van expuestas muchas cosas de este señor, especialmente de tres: ser uno de los propietarios de la Serna; el casamiento de sus hijas; y ser presidente de la Cruz Roja. Ahora lo que falta es hacer una recapitulación para presentar brevemente su biografía.

Fue hijo de don Manuel Domínguez Ubago y de doña Simona Francisca Zaballa, apellidos que no son característicos de esta provincia, sino de la zona norte y nordeste de España. Su padre procedía de Córdoba y su abuelo materno de la provincia de Burgos. Su expediente de bachillerato así como el de su hermano Juan Manuel (+ en 1890) aclaran algunos fechas y datos familiares.

Nació en Córdoba en 1872, donde ejercía su padre en la Administración de Hacienda estatal. El traslado de su progenitor a Salamanca motivó también la venida de sus hijos. Don Fernando realizó a los diez años el examen de ingreso en bachilLerato en el InstituTo General y Técnico de Salamanca. Terminó estos estudios en 1887. Sus notas fueron regulares. El domicilio parteno se encontraba en la calle Cuesta del Carmen n.º 2.

Don Fernando Domínguez Zaballa se casó con Pilar León Muñiz, hija de Cándido León y Carmen Muñiz. El matrimonio de Fernando y Carmen tuvo tres hijas: María del Carmen, María de la Esperanza y María de los Dolores, cuyos matrimonios han sido expuestos en un capítulo anterior a este. Don Fernando tuvo su último domicilio en la plaza Mayor de Salamanca número 35, pero anteriormente habían vivido en la Cuesta del Carmen.

En 1901 fue vicebibliotecario del Casino de Salamanca. Y en 1915 figura como uno más de los componentes del grupo maurista de Salamanca. Fue presidente de la Cruz Roja de Salamanca y logró para la institución aumento del número de socios, aumento de ingreso mediante donativos periódicos. Bajo su dirección, y estando el doctor don Antonio Calama, de secretario de esta, se

---

[215]   Recientemente la *Historia de la Diputación* precisa los años de su mandato y los hechos más relevantes en que tuvo responsabilidad. *Salmantinos Ilustres*, por Enrique Esperabé de Arteaga. Signatura 86.355. Año 1952. Ídem: Efemérides salmantina. Signatura 56.398. Año 1933.

[216]   Esquela de defunción, *El Adelanto* 5 de enero de 1918: Tercer aniversario de la señora doña Cándida Rodríguez Sendín, falleció en Santa Marta en 8 de enero de 1915. Su desconsolado esposo don Verísimo Escribano Íñigo; su hija Cándida (Verónica)…

organizaban anualmente una fiestas participativas de socios que le dieron gran prestigio, así sucedió en mayo de 1925. Poco después don Domingo Domínguez Zabala dotó a la Cruz Roja de sede propia en la plaza de San Benito que se inauguró en octubre de 1925, pues hasta que esa fecha desempeñaba sus tareas en unas instalaciones modestísimas.

Don Fernando murió en Madrid el 25 de junio de 1947, cuatro días después escribió su necrológica laudatoria el médico don Antonio Calama[217]. Parecidas cosas expone Enrique Esperabé en *Salamantinos ilustres*.

9. Don Ernesto Blanco Alonso

Nació en la Moral de Casto, hacia ¿1878?, hijo de don Leopoldo Blanco y de doña Luisa Alonso. Falleció el 16 de enero de 1956. Se casó con Engracia Domínguez Zaballa, hija de Manuel Domínguez Ubago y de doña Francisca Simona Zaballa. El esquema familiar quedó expuesto en un capítulo precedente, su consulta puede servir para entender mejor los parentescos[218].

Como Engracia Domínguez Zaballa era hermana de Fernando Domínguez Zaballa, resulta que Ernesto Blanco y Fernando Domínguez fueron cuñados, y ambos siempre con buen acuerdo explotaron la finca de la Serna. ¿Qué parentesco había entre Engracia Martínez-Céspedes y esta Engracia Domínguez? Pues que aquella primera era abuela de esta segunda. De esta suerte a la segunda Engracia le pudieron llegar fincas en Santa Marta de su bisabuelo don Julián Martínez Céspedes.

El matrimonio formado por Ernesto Blanco y Engracia Domínguez tuvo los siguientes hijos: María Luisa, Francisca, Manuel, María del Carmen y María de las Mercedes. Él fue diputado en Cortes y un conocido ganadero de reses bravas, que, además, de la propiedad de la Serna tenía otras propiedades.

10. Don José de León Muñiz

Recordamos que hemos citado anteriormente a don Vicente Muñiz, dueño de Carpihuelo. Su descendencia siguió según el siguiente esquema:

---

[217]   Dice que don Fernando Domínguez fue: Generoso, bondadosísimo, modelo de caballeros católicos, de hombres modestos, de valores caritativos e ilustre prócer de Salamanca. Presidente perpetuo y de honor de la Cruz Roja, con acertadísima gestión, geniales y acertadísimas iniciativas. *El Adelanto* 29 de junio de 1949.

[218]   Pueden interesar otros detalles, como que Manuel Blanco Sánchez* se casó con María Antonia Cobaleda y una hija de este matrimonio llamada Pilar Blanco Cobaleda fue la esposa de Andrés García Tejado, afamado médico. Por tanto, siendo los padres hermanos, Ernesto, Fernando y Andrés García eran primos carnales.

José Muñiz Alariz[219], ♀ Agustina López Zaldívar
↓   ↓
Santiago Muñiz L. ♀ Dolores Zurita.- Carmen Muñiz L ♀ Cándido León I

El matrimonio de Carmen Muñiz López con Cándido León Iglesias tuvo tres hijos que vemos relacionados con Santa Marta, que fueron: a) Pilar, b) Francisca y c) José. Cada uno de ellos contrajo matrimonio según se dice seguidamente:

a) María de Pilar León Muñiz ♀ Fernando Domínguez Zaballa (enlace circa de 1870), de este señor ya ha quedado expuesta brevemente su biografía en unas líneas más arriba.

b) Francisca León Muñiz ♀ Romualdo Sánchez Velasco (hijo de Joaquín Sánchez de la Peña (+ 29 de marzo de 1914). Este matrimonio tuvo menos relación con Santa Marta.

c) José León Muñiz ♀ Carmen Urech Rodríguez. De esta suerte aparece en escena un antiguo miembro de los Muñiz y una nueva familia, la de los Urech, que para Santa Marta no haría al caso, a no ser porque su marido tuvo que ver varios en varios asuntos de la Serna.

Don José de León Muñiz va a ser uno de los propietarios de tierras en Santa Marta y Carpihuelo, pero, como también poseía otras heredades tal como Porqueriza, no lejos de Ledesma, las noticias de este en la prensa van más hacia su estancia en Porqueriza así como a otros negocios diferentes de los de Santa Marta. Don José León Muñiz fue diputado provincial muy activo, y destacó en los años de la dictadura de Miguel Primo de Rivera. Don José de León Muñiz murió en 1956.

19.3. Don Tomás Marcos Escribano

Hijo de don Tomás Marcos Brozas, nació en Salamanca en 1890. Estudió bachillerato en el Instituto General y Técnico, y lo acabó con calificación de aprobado el 30 de septiembre de 1908, a los 18 años de edad. Seguidamente, estudió la carrera de Derecho y se licenció a los 24 años de edad. De color centeno, alto, delgado, ojos negros y nobles, palabra segura y firme, ademanes de gran señor aldeano[220]. Se

---

[219] Don José Muñiz Alariz, fue primeramente promotor fiscal con destino en Durango. Luego se trasladó a Madrid, y ascendió a magistrado. Murió el 1 de agosto de 1884. Y su mujer doña Agustina López Zaldívar murió.

[220] Así lo describe José Sánchez Gómez 23 de enero de 1932, en *El Adelanto*.

casó con María del Amparo Calvo López, de cuyo matrimonio nacieron sus hijos Joaquín, que murió en 1946, María del Amparo, Tomás, Alfonso y José, que hizo la carrera eclesiástica, cantando su primera misa en 1953.

Su vida siempre fue activa. Su gran caballerosidad y su trato afectuoso lo llevaron a ostentar altos cargos profesionales. Hacia 1929 se renueva la Diputación y él forma parte de la nueva composición. Llegó a ser presidente de la Diputación Provincial de Salamanca desde el 15 de abril de1931 al 13 de febrero de 1933. Fue representante de los pósitos en la Asociación Nacional de Pósitos de España. Intervino muy activamente en la creación de pósitos especialmente en el De Brozas, (Cáceres) y la organización y mejora del de Santa Marta, y consiguió la fusión del Pósito de la Cuatro Sexmos de Salamanca, con el Pósito de la Diputación Provincial el 16 de diciembre de 1931. Don Tomás Marcos estuvo muy interesado en la Reforma Agraria y la Junta Central de Acción Social Agraria le concedió la Gran Cruz del Mérito Agrícola. También fue consejero de la Caja de Ahorros y Monte de Piedad de Salamanca durante largo tiempo. Fue diputado a Cortes y en 1932 recibió en su casa a Miguel Maura, jefe del partido conservador. Finalmente, en 1952 presentó su candidatura a la presidencia del Colegio de Abogados de Salamanca, que la ganó y fue elegido decano de esta Institución.

La imagen corresponde al día en que se fusionaron los Pósitos de los Cuatro Sexmos y de la Diputación. En ella se ven los señores del Teso, Iscar Peyra, Madonado, León Muñiz y Prieto Carrasco y otros no identificados. *El Adelanto,* 16 de diciembre de 1931.

Don Tomás Marcos Escribano murió el 15 de agosto de 1959. Como era de suponer, no faltó su necrológica[221].

19.4. Más personas eminentes de Santa Marta

11. Don Cándido Verdejo Marcos

 Natural de Santa Marta, estudió en el Colegio de la Vega, cantó misa y fue profesor en el mismo Colegio de la Vega, y también profesor en el Seminario Diocesano. *El Adelanto* ofrece la siguiente noticia: Hoy 29 de enero de 1948, en la capilla de la catedral vieja, a las 12:30 horas, don Cándido Verdejo se presentó a oposiciones a magistral del cabildo catedralicio de Salamanca a la vez que también lo hacían don Arturo Roldán (de la diócesis de Zamora) y don Gabriel Palomero Díaz (de Santander), que llegaron al tercer y último ejercicio. Siendo muchos los méritos de don Cándido Verdejo, preside sobre todos un exaltado salmantinismo.

Esta noticia se completa con la siguiente, que llega unos días después en el *Boletín Oficial del Obispado de Salamanca*, de febrero de 1948 N 2, en la página 29, con el título de «Crónica diocesana», que escribe Luis Gómez Morán, y dice así: «Toma de posesión. Después de brillantes oposiciones, ha sido nombrado magistral de la Santa Basílica Catedral de Salamanca el M. I. Sr. don Cándido Verdejo Marcos, Profesor de Dogma en el Seminario Mayor Diocesano. El nuevo Magistral tomó posesión el día 10 de los corrientes. Nuestra sincera enhorabuena al Dr, Verdejo y ad multos annos, para mayor gloria de Dios y bien de nuestra Diócesis»[222].

19.5. Otras personas de Santa Marta o relacionadas con esta población

Sé que en este epígrafe voy a dejar sin mencionar a personas que merecieron figurar aquí con letras mayúsculas, y que quizá dé entrada a personas que no lo merecieran. Pido disculpas por estos probables fallos, pero tengo unas anotaciones tomadas de necrológica o de otras informaciones de la prensa que, si las omito, tampoco me parece adecuado. Así pues, hago una relación breve, sin entrar a exponer sus vidas, y

---

[221] Desaparece una figura relevante de la vida salmantina, que siempre figuró en primera línea de actividad pública. Con su espíritu de generosidad, rectitud, laboriosidad y extremada competencia, se hizo acreedor al respeto y de la consideración de todos. Católico práctico, dio pruebas de espíritu caritativo. Hombre afable, bondadoso, tuvo amigos en todas partes donde su simpatía y cordialidad encontraban campo para mostrarse.

[222] Referencia en la prensa en el año 1948 los días 3, 25 y 31 de marzo; 25 de abril; 13 de junio; 7 y 8 y 22 de septiembre.

dejo abierta la lista para que, si se llega a realizar una segunda edición, incluir en ella las que ahora queden olvidadas.

Doña Cándida Rodríguez Sendín, casada con don Verísimo Escribano Íñigo, falleció en Santa Marta el 8 de enero de 1915, tuvieron una hija llamada Cándida. Su muerte ha sido muy sentida no solo en aquel vecindario, sino también en Salamanca. *-Don Bernardo Mesonero Vicente,* ha fallecido ayer en Santa Marta, a la avanzada edad de 69 años, confortado con los santos sacramentos, que en nuestra ciudad contaba con innumerables amistades, ganadas en su larga vida de trabajador activo, sencillo, afable y bondadoso. Hijo político don José Marcos (11 de octubre de 1945). *-Don Francisco Moreno,* era vecino y comerciante de Salamanca pero hacendado en Santa Marta. En el año 1856 dos vecinos de Santa Marta, Alonso Boyero y Vicente Santos, arrendaron a don Francisco Moreno las tierras de labor que le corresponden en el término de Santa Marta (las que eran suyas por compra que hizo a don Vicente Muñiz en 1846).

Don Diego Martín Veloz, el 28 de marzo de 1921: hubo un bautizo en la iglesia de San Martín de Salamanca. Recibía las aguas bautismales un hijo de don Tomás Marcos Escribano. Se le puso el nombre de Alfonso. Fueron sus padrinos don Diego Martín Veloz y su esposa doña María Aliste. Cuando don Diego fue herido de un tiro en el Casino, un grupo de vecinos de Santa Marta le enviaron su adhesión[223].

Don Enrique de Sena Marcos. Reconocido periodista, Director de *El Adelanto* de Salamanca, fue durante más de dos años alcalde de Santa Marta. tres hechos importes tiene su gestión: Impedir la anexión del municipio a Salamanca; retirar de Corral del Concejo del centro del pueblo a un lugar más adecuado, porque no estaba bien que las cabras y otros animales dieran diariamente una imagen de siglos anteriores; y solicitar y conseguir que se construyeran unas nuevas escuelas, porque las que había no eran adecuadas de ninguna manera.

-Don Isidoro Fraile, presbítero que pasaba unas temporadas con sus padres en Santa Marta; *-Don Ricardo Marcos,* secretario del Ayuntamiento, y maestro al que el pueblo le tiene dedicada una calle. *-Don Manuel Polo*, maestro nacional con plaza en Orense que pasa unos días al lado de su familia, los señores Marcos Sánchez. *-Don Luis Boyero*, maestro en el pueblo. *-Don Ángel Fernández*, secretario. *-Don Francisco Marcelino Cabello,* secretario. *-Don Prudencio Marcos Escribano,* hermano de don Tomás, letrado prestigioso en Salamanca. *-Don Cristóbal Sánchez*, maestro en el pueblo a mediados del siglo xx. *-Don Generoso Santos. -*Don *Teodoro Andrés Marcos*, presbítero *Don José Sánchez Gutiérrez,* que con su familia iba desde Salamanca a pasar los

---

[223]   *La Voz de Castilla,* 13- II- 1924.

veranos en su casa de Santa Marta, ya lo hacía desde 1912, pasando por 1925 y en los siguientes años. -*Y don Almícar Ferrón Drouin*, que en septiembre de 1958 murió en «su villa» de Santa Marta[224] este excelentísimo ingeniero electrometalúrgico, vice-cónsul de Francia, director propietario de la Metalurgia del Águeda, presidente de honor de la Casa de Zamora en Salamanca, medalla del mérito al trabajo, etc.

---

[224] *Imperio*, día 6 de septiembre de 1958.

XX. EPÍLOGO

La historia de Santa Marta y la de Salamanca tienen una buena parte en común. De aquella se ha escrito mucho, pero de esta poco. Es, pues, necesario que se conozca más el pasado de este municipio. Con el presente trabajo se va llenando el vacío histórico existente.

El pasado de Santa Marta testimonia que esta población se ha ido fraguando a través de una serie de ventajas e inconvenientes. Entre las ventajas se encuentran un suelo terciario en una penillanura de fácil labranza, un río a su lado, una aceptable dimensión de su término municipal y una ciudad ilustre muy cercana con facilidad de comunicación entre ambos núcleos, que necesitaba de Santa Marta porque no tenía leche, ni productos de granja, ni pastos, etc. Y finalmente haber habido en el pueblo una serie de personas relevantes en la ciudad de Salamanca y su provincia.

Entre los inconvenientes aparecen la posesión de propiedades en el término municipal por el estamento eclesiástico y por los nobles; el sufrimiento causado por las guerras que le tocaba pasar a Salamanca, especialmente el paso de tropas por el Vado de Santa Marta; las riadas del Tormes hasta la construcción del embalse de Santa Teresa, y el escaso número de habitantes, que, a su vez, trajo consigo dificultades para la educación primaria, la sanidad y la parroquia.

La superación de los inconvenientes y el crecimiento exponencial de las ventajas fue llegando paulatinamente a Santa Marta desde la segunda mitad del siglo XIX, y muy especialmente desde que en 1963 el Ayuntamiento de esta población se negó taxativamente a la anexión por Salamanca, continuada por el aprovechamiento de las muchas potencialidades que Santa Marta ha ofrecido a la capital provincial.

La vida unida de ciudadanos de Salamanca y de Santa Marta da muchos episodios, señaladamente pacíficos. El 4 de febrero de 1920, *El Adelanto* comentaba uno de ellos: «Es agradable hacer la jornada de la tarde por la carretera de Santa Marta, hormigueante de modistillas cascabeleras y estudiantes bullidores que a orillas del Tormes van a correr las naranjas, echar vueltas del monótono tamboril o del organillo desvencijado, y regresar al caer la tarde. Para las tardes tibias y doradas resulta un magnífico paraje esta carretera abigarrada y llanísima, insustituible paseo de invierno por su comodidad y situación».

Junto a esta descripción también hay otras en que a Santa Marta se le han aplicado de ponderación y de valoración de esta población, siempre positivas. Mientras tanto, no he hallado ni una sola crítica, cosa que se ha hecho y aún se hace de varios municipios, de los que se critican los servicios, la escasez de limpieza, etc.

Y, sobre todo, a Santa Marta le han dado adjetivos calificativos merecidísimos: hay quien la llamó «simpática»; otros prefirieron decir pueblo atractivo, silencioso, pacífico. Reiteradamente se ha calificado a Santa Marta como «arrabal de Salamanca», «sala de entrada a esta ciudad», «preludio de Salamanca», y otras cosas semejantes. Es cierto que Santa Marta ha servido de lugar de recibimiento de personalidades que acudían a la ciudad, por ejemplo, para ir a esperar a Miguel Maura; ir a recibir los restos de san Juan de Mata, fundador de los trinitarios; o ir a dar la bienvenida al cardenal Segura.

Infinidad de veces se ha escrito o se ha dicho que Santa Marta era y es lugar de esparcimiento de la capital de Salamanca porque hasta esta población se organizaba un paseo extraordinario especialmente los días festivos para baños en las aguas del Tormes, porque ofrecía clima más fresco en verano por la humedad del río, por haber sitios para merenderos, por el aire puro de su arboleda y la tranquilidad por su corto vecindario.

Santa Marta ha tenido y tiene el río, y su territorio y el río han sido y son grandes valores. Dijo el alcalde de Santa Marta en 1954: «Salamanca ya no comienza en el arrabal del puente, se abre al viajero desde la planicie del vecino pueblo de Santa Marta, que se ha convertido en el pregonero mayor de esta capital. Así pues, bien merece este pueblo que le prestemos nuestra atención y colaboración en la consecución de sus planes de reforma y mejoras, y sobre todo de sus necesidades. Santa Marta, por su inmejorable situación para con Salamanca, está llamada a ser la vistosa antesala de la ciudad». Así ha sido, y lo curioso en bastantes casos es que las propias autoridades de Salamanca cuando acudían a Santa Marta se olvidaban inconscientemente de la división administrativa, y, como si solamente fueran una población, decían desde ahora Salamanca tiene, ofrece y muestra nuevos hoteles, nuevas fábricas.

Efectivamente. Santa Marta, de ser un lugar codiciado para paseo, para los recibimientos y las despedidas y para esparcimientos, ha pasado a ofrecer suelo para instalaciones de empresas, viviendas más económicas que los pisos de las capital para todas las clases económicas y sociales, viviendas en urbanizaciones, chalets individuales, etc. Y se han ido produciendo cambios que nos parecen producidos de la noche a la mañana, pero este proceso lleva ya medio siglo. Y si algo semejante se ha producido también en otros, no han sido tan pronto ni tan grande, ni de tanta importancia, como en Santa Marta. Por eso mismo esta evolución urbana, demográfica y económica podría hacer que se olvidase que tiempo atrás Santa Marta tuvo otras características

Para que eso no ocurra, puede contribuir de forma sencilla y útil esta aproximación al conocimiento de dicha población. Como del conocimiento nace el afecto, el trabajo de estas páginas se sentirá recompensado si con él se logra que algunas personas estimen y trabajen con cariño por esta población.

XXI. BIBLIOGRAFÍA Y FUENTES DOCUMENTALES

ACTAS CAPITULARES DE SALAMANCA 1298-1484. Vicente. R.

ACTAS CAPITULARES DE SALAMANCA (libro) 1484-1506. Vicente, R. Salamanca, 2007.

ANDRES, E. T.: *Salamanca y sus alrededores.* Salamanca, 1944.

BECERRO (LIBRO) DEL SIGLO XVII DE LA CATEDRAL DE SALAMANCA.

BOLETÍN OFICIAL DE LA PROVINCIA DE SALAMANCA. Años 1834-1898.

BOLETINES DE VENTAS DE BIENES NACIONALES.

BOLETÍN OFICIAL DEL OBISPADO DE SALAMANCA.

CASASECA, A. y NIETO GONZÁLEZ, J.: *Libro de los lugares y aldeas del obispado de Salamanca.* Universidad de Salamanca, Salamanca, 1982.

CATASTRO DE ENSENADA Y CATASTRO DE RÚSTICA DE SANTA MARTA. Se custodian en el Archivo Histórico Provincial de Salamanca.

DICCIONARIO POR UNA SOCIEDAD DE LITERATOS. Signatura 32731. Año 1832.

DICCIONARIO DE SEBASTIÁN DE MIÑANO. Año 1828.

DICCIONARIO DE PASCUAL MADOZ. 1845-1850.

DICCIONARIO ESTADÍSTICO DE TODOS LOS AYUNTAMIENTOS. Signatura en la GB de la USAL. Signatura 62117.

DORADO, B.: *Compendio histórico de la ciudad de Salamanca.* Salamanca 18776- Edición facsímil por la Diputación de Salamanca. Salamanca, 1985.

ESPERABÉ DE ARTEAGA, E.: *Salmantinos ilustres.* Signatura 86.355. Año 1952.

ESPERABÉ DE ARTEAGA, E.: *Efemérides salmantina.* Signatura 56.398. Año 1933.

GUÍA DEL ARCHIVO Y BIBLIOTECA DE LA CATEDRAL DE SALAMANCA. Vicente, R. y Gómez González, P. J. Salamanca, 2007.

JIMÉNEZ FUENTES, E.: «El Paleogeno» El Paleógeno del borde SW de la Cuenca del Duero En *Estudia Geológica* 3. Salamanca, 1967. Laderas con pendiente 826 metros sobre el nivel del mar. Se ve un cerro testigo, un valle en V, superficies alomadas pizarreñas.

LIBRO DE APEOS DE LAS POSESIONES DEL CABILDO DE LA CATEDRAL DE SALAMANCA.

MARTÍN MARTÍN, J. L.: *Historia de Salamanca,* Director de seis volúmenes, cada uno con su coordinador. Salamanca. CES. Salamanca 1997-2012.

MARTÍN MARTÍN, J. L.: *El patrimonio de la catedral de Salamanca.* Diputación de Salamanca, 1985.

DOCUMENTOS DE LOS ARCHIVOS CATELADRILICIO Y DIOCESANO DE LOS SIGLOS XII-XIII. Martín Martín , J.; y otros. Universidad de Salamanca, Salamanca, 1977.

MARTÍN RODRIGO, R.: «La guerra de sucesión en Salamanca», en *Las Guerras en Salamanca* Revista de Estudios.

MARTÍN RODRIGO, R.: «Las obras públicas», en *Historia de la Diputación de Salamanca.* Salamanca, 2022.

MORÁN, C.: *Reseña Histórico Artística de la Provincia de Salamanca. Universidad de Salamanca,* Salamanca, 1946.

BENET, N.: *La Batalla de Salamanca. Los Arapiles, 22 de julio de 1812.* Caja Duero. Salamanca, 2002.

VILLAR Y MACÍAS, M.: Historia de Salamanca. *Los templarios en Salamanca.* José Andrés Martín Fernández. Salamanca, 1887.

PERIÓDICOS Y REVISTAS (prensa histórica)

Adelante.

Crónica de Salamanca.

El Adelanto.

El Castellano.

El Español.

El Fomento.

El Lábaro.

El Federal.

El Norte de Castilla.

Imperio: Diario de Zamora.

La Gaceta Regional.

La Opinión.

La Provincia.

La Región.

La Semana católica.

La Voz de Castilla.

La Hoja del Lunes.

Noticiero Salmantino.

CRÉDITOS FOTOGRÁFICOS, AUTORIZACIONES

Las fotos que se incluyen que no son propias o cedidas por amistad corresponden a las autorizaciones respectivas de:

– De la Excma. Diputación Provincial de Salamanca.

– Del Ayuntamiento de Santa Marta de Tormes.

– Del Archivo Histórico Provincial de Salamanca.

– De la Filmoteca de Castilla y León.

– De la Biblioteca General de la Universidad de Salamanca.

– De la Parroquia de Santa Marta.

– María Paz de Sena, foto de su padre don Enrique de Sena, página 196.

– Carmen Borrego: páginas 13, 63, 156 (2), 160.

– María M. Serna: cubierta y páginas 198 y 202.